Eckhard Bieger / Jutta Mügge / Claudia Höller / Sabine Müller

Übungen und Methoden für die Kursleitung

Joachim Zöller und Brigitte Briele gewidmet.
Sie eröffneten uns mehr Möglichkeiten
als hier Übungen beschrieben sind.

Eckhard Bieger · Jutta Mügge
Claudia Höller · Sabine Müller

Übungen und Methoden für die Kursleitung

weiterbildung live
Band 3

ebv

Die Deutsche Bibliothek – CIP-Einheitsaufnahme
Übungen und Methoden für die Kursleitung / Eckhard Bieger
... – Hamburg : EB-Verl. Rissen, 1995
  (Weiterbildung live ; Bd. 3)
  ISBN 3-923002-97-1
NE: Bieger, Eckhard; GT

Umschlag: Stefan Thewalt
Satzspiegel: Gabriele Fischer

Copyright © E.B.-Verlag, Hamburg 1995
Druck und Bindung: Druckerei Lokay, Reinheim
Printed in Germany

Inhaltsverzeichnis 5

0.1 Einleitung

Auf die Bildungsarbeit kommen neue Aufgaben zu.
Bei knapperen Kassen muß sie zeigen, was sie zur Lösung von Problemen und für die Qualifizierung leisten kann.
Sollen Bildungsangebote nicht nur informieren, sondern befähigen und qualifizieren, muß der Anteil der Informationsvermittlung verringert werden, d.h. es müssen die Vorträge reduziert und lernintensivere Methoden eingesetzt werden.

In diesem Band sind die Erfahrungen von weiterbildung live mit Übungen in Kursen und Seminaren zusammengestellt.
Nach den Erfahrungen der TrainerInnen von weiterbildung live ist Erwachsenenbildung dann sinnvoll, wenn die Individualität der einzelnen TeilnehmerInnen berücksichtigt und ein prozeßhaftes Arbeiten ermöglicht werden kann.
Übungen können im gesamten Kursverlauf Instrumente sein, um bestimmte, gemeinsam definierte Ziele zu erreichen.
Nach einer kurzen theoretischen Einleitung werden verschiedene Übungen vorgestellt.
Alle hier vorgestellten Übungen sind von weiterbildung live praktisch erprobt worden.
Das Repertoire ist quantitativ eher klein, da wir im Laufe unserer Seminararbeit die Erfahrung gemacht haben, daß es in erster Linie darauf ankommt, einige gute Übungen flexibel einsetzen zu können.
Ebenso hat es sich gezeigt, daß aufwendige und schwierige Übungen den Prozeß in Gruppen eher behindern als anregen.

0.2 Erfahrungen, Tips und Hinweise

1.
Übungen werden dann von der Kursgruppe angenommen, wenn der Referent, die Referentin von der Übung überzeugt sind.
In Kursen und Trainings sollte man daher nur solche Übungen einsetzen, die man sicher beherrscht.

2.
Es ist besser, nur mit wenigen Übungen zu arbeiten und diese möglichst oft einzusetzen, als immer neue Übungen auszuprobieren, da die Lerneffekte der Übung nur auf Grund sorgfältiger Beobachtungen ausgeschöpft werden können.

3.
Übungen und Methoden, intensivieren die Interaktion in der Gruppe und steigern die Lernmotivation, vor allem wenn sie in Kleingruppenarbeit durchgeführt werden

4.
Im Unterschied zum Vortrag, der keine Beziehungen in der Gruppe stiftet, setzt jede Übung die KursteilnehmerInnen in eine Beziehung.

5.
Wichtiger als jede noch so gute Übung ist der Zweck, für den sie eingesetzt wird, sonst wird die Übung zu einem Instrument der bloßen Abwechslung.

6.
Übungen müssen immer ausgewertet werden, sonst wird die Lernmotivation abgebaut.
Dies gilt nicht für Entspannungs- und Körperübungen zum Einstieg in den Tag, bzw. in eine neue Lerneinheit.

7.
Übungen setzen Energien frei und erhöhen die Lernmotivation.

Gibt es Blockierungen und Widerstände bei der Durchführung der Übung, deutet das auf den Eintritt der Gruppe in die Machtkampfphase hin (siehe: weiterbildung live Band 2 - dynamisch, motivierend, sicher - Kompetenz für Kursleitung, Kap. 4).

1. Der Einsatz von Übungen

Übungen in einem Kurs oder in einem Seminar haben eine wichtige Funktion.
Als Leiter oder Leiterin von Kursen und Seminaren ist es hilfreich, über ein Repertoire von Übungen zu verfügen.
Aber Übungen sollten nicht nur um der Übung willen eingesetzt werden. Jede Übung braucht den richtigen Zeitpunkt, an dem sie sinn- und wirkungsvoll ist, und auch braucht sie das richtige "know how" bei der Durchführung.

Damit eine Übung sinnvoll ist, muß sie grundsätzlich auf ein bestimmtes Ziel hin angelegt sein.
Die Leitung eines Seminars oder eines Kurses sollte sich zu Beginn mit den TeilnehmerInnen auf bestimmte Ziele einigen. Dies kann sie, indem sie die Wünsche und Vorstellungen der TeilnehmerInnen zusammenträgt und mit ihnen eine Vereinbarung über die angestrebten Lernziele trifft (ausführlich dargestellt in: weiterbildung live Band 2 - dynamisch, motivierend, sicher - Kompetenz für Kursleitung).
Die KursleiterIn hat dann die Aufgabe, das Erreichen dieser Ziele zu gewährleisten. Entsprechende Übungen sind dafür notwendig, es sei denn, die Gruppe wünscht nur Informationen.

Um das Gesamtziel einer Veranstaltung zu erreichen, bedarf es einer Aufteilung in verschiedene Teilziele.
Um in einer Gruppe gut lernen zu können, ist es immer notwendig, den TeilnehmerInnen zu Beginn der Veranstaltung Übungen anzubieten, die das "Ankommen" und "Sich-Einlassen" auf die Gruppe erleichtern.

Ziele von Übungen in der Einstiegsphase können sein,
- die TeilnehmerInnen miteinander ins Gespräch zu bringen,
- eine vertraute Atmosphäre zu schaffen,
- es den TeilnehmerInnen zu ermöglichen, ihren Alltag hinter sich zu lassen oder
- die Offenheit der TeilnehmerInnen untereinander möglich zu machen.
Während Übungen in der Einstiegsphase die Aufgabe haben, den TeilnehmerInnen die Beziehungsaufnahme zu erleichtern, werden sie im

weiteren Verlauf entsprechend den Zielen des Kurses oder des Seminares eingesetzt.

Beispiele:
- In einem Kurs über die Wirkung von Werbung:
  Zusammenhänge von marktwirtschaftlichen Abläufen erkennen.
- In einem Training zur Erhöhung der Leitungskompetenz:
  Praktisches Üben und Reflexion des eigenen Leitungsstils.
- In einem Schreibtraining:
  Texte für die Öffentlichkeitsarbeit formulieren.
- In einem Gesprächsleitungsseminar:
  Verschiedene Gesprächstechniken trainieren.
- In einem medienpädagogischen Seminar:
  Einen eigenen Videobeitrag erstellen.
- In einem Seminar zum Thema Zeitmanagement:
  Den eigenen Umgang mit der Zeit hinterfragen.

In der Schlußphase werden die Übungen, ähnlich wie in der Einstiegsphase, auf spezielle Ziele hin eingesetzt, wie zum Beispiel:
- eine Veranstaltung auszuwerten,
- den neuen Erfahrungs- oder Wissensstand zu formulieren,
- einen Transfer in den Alltag zu schaffen,
- neue Ziele zu formulieren oder
- die nächsten praktischen Schritte zu planen.

Bei der Auswahl von Übungen und Medien können der Kursleiter, die Kursleiterin zwischen "offenen" und "geschlossenen" Formen wählen. "Offen" heißt, daß jeder Einzelne mehrere Möglichkeiten hat, seine eigenen Themen und Vorstellungen in der Übung zu realisieren und sie über das Medium auszudrücken oder in das Medium zu projizieren, wie zum Beispiel bei der Bildersprache (s.S. 26).

"Geschlossene" Übungen bzw. Medien können dann eingesetzt werden, wenn die begriffliche Ebene angestrebt wird, wenn strukturiert und zu prägnanten Aussagen gekommen werden soll, wie zum Beispiel bei der Lexikonmethode (s.S. 93).

Die Dynamik von Übungen oder Methoden sollte immer so angelegt sein, daß sie in ihrer Abfolge vom "Offenen" zum "Geschlossenen" geht. Das gilt auch für die einzelne Übung.
Das offene Medium erlaubt erst einmal Aktivität und Auseinandersetzung. Hier kann vieles entwickelt und zusammengetragen werden, das dann in der Strukturierungsphase auf den Punkt gebracht wird.

1.1 Der Phasenablauf von Übungen

Übungen haben den Vorteil, daß die TeilnehmerInnen selbst aktiv werden können und damit auch die Interaktion in der Gruppe angeregt wird, was sich wiederum positiv auf die Lernerfolge der TeilnehmerInnen auswirkt.
Es ist wichtig, jeden Teilnehmer, jede Teilnehmerin einzeln zu aktivieren, da nur durch eine Aktivierung aller die Gruppe in der Lage ist, produktiv zu arbeiten.

Für jeder Übung gilt daher folgender Ablauf:

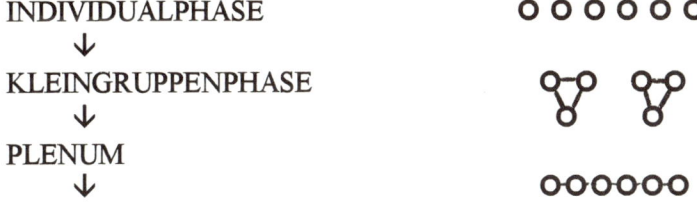

INDIVIDUALPHASE
↓
KLEINGRUPPENPHASE
↓
PLENUM
↓

Die Reihenfolge der Phasen muß immer eingehalten werden.
Die Erfahrung hat gezeigt, daß KursteilnehmerInnen sich z.B. weigern nach dem Beginn des Plenums noch einmal in eine Kleingruppenarbeit zu gehen, es sei denn, das Plenum ist abgeschlossen und eine neue Aufgabe kann in Angriff genommen werden.

Individualphase:
In der Individualphase hat jeder einzelne Teilnehmer, jede Teilnehmerin die Möglichkeit, sich unabhängig von den anderen auf die Aufgabenstellung einzustellen, sich ein eigenes Bild von der Sache zu machen.
Diese Phase ist notwendig, damit jeder in sich hineinhorchen, sich ein eigenes Urteil bilden, sein Vorwissen aktivieren kann.
Bei einer Übung zum Einstieg z.B. kann sich so jeder unabhängig von den anderen fragen, wie es ihm im Moment geht oder welche Vorstellungen und Wünsche er an den Kurs, an das Seminar hat.

Kleingruppenphase:
In der Kleingruppe haben die TeilnehmerInnen die Möglichkeit, sich in einem überschaubaren Rahmen aktiv einzulassen und zu lernen.
Das "Einsteigen" fällt in der Kleingruppe leichter. Hier kann jeder zu Wort kommen, das Reden über Persönliches ist einfacher, der Gruppendruck ist geringer.
In der Kleingruppe ist Raum für den Erfahrungsaustausch wie auch für das Erarbeiten von Themen.
Eine Kleingruppe kann mit drei bis fünf TeilnehmerInnen gut ohne Leitung arbeiten. Ab sechs TeilnehmerInnen braucht eine Gruppe eine Gesprächsleitung.
Die Arbeit in der Kleingruppe sollte normalerweise zwischen 20 und 45 Minuten liegen.
Arbeitet man zu lange in Kleingruppen, besteht die Gefahr, daß sich die Kleingruppen "verselbständigen" und die Effektivität der Übungen darunter leidet.
Mehrere kurze Einheiten sind effektiver als ein zeitlich ausgedehnter Lernschritt. Eine Ausnahme macht das Planspiel (s.S. 99).

Plenum:
Im Plenum ist weniger Raum für die einzelnen TeilnehmerInnen, sich zu äußern.
Aufgabe des Plenums ist es, die Ergebnisse aus den Kleingruppen zusammenzutragen und der gesamten Gruppe vorzustellen. Die Kursleitung hat hier die Möglichkeit, noch fehlende Informationen zu ergänzen.

Hier entwickeln sich auch die neuen Ideen und Anstöße zur Weiterarbeit. Wird zu lange im Plenum gearbeitet, wirkt dies ermüdend auf die TeilnehmerInnen, da nicht so viel Raum für die Aktivität des einzelnen vorhanden ist.

Das Plenum sollte nicht länger als 60 Minuten dauern und immer dann angesetzt werden, wenn eine "Lernphase" ausgewertet und zum nächsten Lernschritt übergeleitet werden soll.

Für den Aufbau einer Lernphase gilt folgender Ablauf:

1. Formulieren der Aufgabe, Instruktion
   ↓
2. Einzelarbeit
   ↓
3. Kleingruppenarbeit
   ↓
4. Plenum
   a. Auswertung
   b. Ergänzende Informationen
   c. Überleitung zum nächsten Lernschritt
   d. Formulierung der nächsten Aufgabenstellung
   ↓

1.2 Motivation für die Durchführung einer Übung

Eine Übung muß neben dem genau geplanten Aufbau auch gut von der Kursleitung eingeleitet werden.

Die Kursleitung, die den TeilnehmerInnen mit der Übung ermöglicht, ein bestimmtes Ziel zu erreichen, sollte transparent machen, wo die Gruppe im Hinblick auf ihr Ziel steht und inwieweit die Übung einen weiteren Schritt in Richtung auf dieses Ziel darstellt.
TeilnehmerInnen haben zudem häufig Befürchtungen und Vorbehalte, sich auf eine neue Übung einzulassen, besonders dann, wenn es um

15

Rollenspiele oder um Übungen geht, in denen Fehler gemacht werden können. Die Kursleitung sollte dies berücksichtigen und schon durch die Einführung den Druck möglichst gering halten.

Die Kursleitung sollte sich vor jeder neuen Übung folgende Fragen stellen:
- Was ist im Augenblick die gemeinsame Ausgangssituation?
- Warum sollen die TeilnehmerInnen die Übung jetzt machen?
- Welches Ziel können die TeilnehmerInnen mit der Übung erreichen?

Indem die Kursleitung diese Fragen beantwortet, hat sie die Motivation für die Übung formuliert.

Den TeilnehmerInnen wird so der Sinn der Übung deutlich.Es fällt ihnen leichter, sich auf die neue Anforderung einzulassen und sich selbst in Bezug zur Übung zu setzen.

Beispiele:
Zu Beginn eines Seminars:
"Sie alle kommen aus ganz verschiedenen Lebenssituationen, fühlen sich in dieser Runde noch ein wenig fremd und wollen sich orientieren.
Damit Sie das, was sie mit hierher gebracht haben, hinter sich lassen und offen für das Neue werden können, das hier auf Sie zukommt, haben wir ...",

oder im weiteren Verlauf eines Gesprächstrainings:
"In der letzten Arbeitseinheit haben Sie die Erfahrung machen können, daß es nicht leicht war, Ihrem Gesprächspartner so zuzuhören, daß Sie wirklich das verstehen konnten, was er Ihnen sagen wollte. Sie haben auch erlebt, wie wohltuend es für Sie selbst war, sich richtig verstanden zu fühlen.
Damit Sie noch sicherer im Zuhören werden und Sie das Gespräch selbst weitergestalten können, wollen wir die letzte Übung nocheinmal durchführen und um eine kleine Variante erweitern...."

1.3 Instruktionen

Bei der Instruktion einer Übung muß die Kursleitung präzise und kurz die Anweisungen geben, die die KursteilnehmerInnen brauchen, um die Übung durchführen zu können.
Ist die Instruktion zu lang, kann die aufgebaute Motivation wieder verloren gehen.
Unterstützende schriftliche Anweisungen, wie z.b. das Notieren der Fragen zur Reflexionsrunde auf ein Flip-Chart, erleichtern den Einstieg in die Übung.
Grundsätzlich sollten die Übungen nicht zu kompliziert sein. Langes Nachfragen zur Methode bringt eine schlechte Stimmung in die Gruppe, und die Lust sinkt, sich auf die Übung einzulassen. KursteilnehmerInnen, die die Methode nicht so schnell wie andere verstehen, fühlen sich frustriert, und es können Lernbarrieren entstehen, die sich z.b. in einer Ablehnung der Übung äußern.
Es sollten auch nicht zu viele Materialien angeboten werden, da sonst zu viel Zeit bei der Auswahl dieser Materialien durch die TeilnehmerInnen verloren geht.
Zur Instruktion gehört auch das Absichern des Zeitrahmens für die Übung.
Hier kann sich die Kursleitung viele Probleme ersparen, wenn sie auf eine gute und klare Zeitplanung achtet und dafür sorgt, daß diese auch eingehalten wird.
Dauern Übungseinheiten zu lange, besteht die Gefahr, daß das Ziel aus dem Auge verloren wird.
Den Zeitrahmen kann die Kursleitung absichern, wenn sie darauf achtet,
- daß die Gruppen nicht zu groß sind - Aufteilung in mehrere kleine Gruppen sorgt für bessere und schnellere Ergebnisse,
- daß das Ziel der Übung klar und genügend eingegrenzt ist,
- daß nicht zu viele Materialien bereitliegen, da sonst zuviel Zeit für die Auswahl verloren geht,
- daß die Arbeitseinheiten nicht zu lang sind, da sich die Gruppenarbeit sonst verselbständigt und das Lernziel aus den Augen verloren wird.

Es ist zudem wichtig, daß der gesetzte Zeitrahmen eingehalten wird. Wird er häufiger durchbrochen, leidet die Ernsthaftigkeit der Arbeit, Motivationslöcher entstehen und Konflikte sind vorprogrammiert.

Beispiel für die Instruktionsphase:

Übung:
Gespräch über einen gemeinsam angesehen Kurzfilm

Ziel:
Durch den Austausch über die Eindrücke und Gefühle, die der Film bei den TeilnehmerInnen ausgelöst hat, soll erkannt werden, daß Menschen unterschiedliche Problemlösungsstrategien entwickeln.

Durchführung:
Individualphase -
Beantwortung von vorgegebenen Fragen, die auf einem Zettel notiert sind (ca. zehn Minuten).
Bildung von Dreiergruppen, die sich in den Räumen verteilen können, in denen sich zu den Fragen ausgetauscht wird (ca 15 Minuten).

Folgende Fragen können gestellt werden:
- "Wie ging es mir mit dem Verlauf der Handlung?"
- "Wie habe ich die Hauptperson erlebt?"
- "Welche ähnlichen Situationen kenne ich aus meinem Leben?"

1.4 Durchführung der Übung

Jede Übung verfolgt ein bestimmtes Ziel. Daher muß es auch in jeder Übung einen Lernerfolg, einen "Aha-Effekt" geben.
Dieser Effekt kann durch die Übung selbst oder aber durch die Auswertung entstehen.
Die Übung ist dann besonders wirkungsvoll, wenn sie von den TeilnehmerInnen selbständig durchgeführt werden kann bzw. die Ergebnisse selbst erarbeitet werden können.

Die Kursleitung sollte in diesen Arbeitsphasen jedoch ansprechbar bleiben und für Rückfragen zur Verfügung stehen.
Es kann passieren, daß eine Übung von einem Teil der Gruppe abgelehnt wird. Die Übung muß dann abgebrochen werden und die Kursleitung sollte eine neue Lösung finden. Die Ursache für die Verweigerung einer Übung kann rein auf der formalen Ebene liegen, z.B. wenn die Instruktionen nicht klar waren oder der Sinn der Übung nicht deutlich wurde. Es kann jedoch auch eine Störung auf der Beziehungsebene vorliegen. In diesem Fall ist die Übung Auslöser eines noch ungeklärten Konfliktes in der Gruppe oder mit der Leitung. Ehe weiter gearbeitet werden kann, muß der Konflikt bearbeitet werden.

1.5 Die Auswertung von Übungen

Es ist wichtig, daß die jeweiligen Lernergebnisse, Erfahrungen und Einsichten, die aus einer Übung gewonnen werden konnten, auch ausgewertet werden.

Die Übung wurde selbständig von den TeilnehmerInnen in der Individualphase sowie in der Klein- oder Arbeitsgruppen durchgeführt.
Nun muß die Kursleitung wieder aktiv werden. Sie führt die Gruppenmitglieder im Plenum zusammen und sammelt alle Ergebnisse aus den Kleingruppen. Werden einzelne Ergebnisse nicht aufgegriffen, können sich die betroffenen TeilnehmerInnen benachteiligt oder nicht genügend wertgeschätzt fühlen.
In dieser Phase kann es hilfreich sein, mit Arbeitsmitteln wie einem Flip-Chart, einer Wandzeitung oder der Metaplantechnik zu arbeiten. Leitung und TeilnehmerInnen können so den Überblick behalten.

Methoden zur Einsammlung von Ergebnissen der Kleingruppenarbeit:
- Eine(r) aus jeder Kleingruppe berichtet im Plenum:
  Hier einigen sich die Kleingruppen auf eine(n) SprecherIn, die/der die Ergebnisse der Gruppenarbeit vorträgt.
  Die restlichen Kleingruppenmitglieder sollten am Ende des Berichtes gefragt werden, ob sie noch etwas zu ergänzen haben, um alle Ergeb-

nisse zu erfassen. Diese Methode empfiehlt sich bei eher sachbe-
zogen Arbeitsaufträgen.
- Auswertung im Rundgespräch:
Hier hat jeder Teilnehmer, jede Teilnehmerin die Möglichkeit
seine/ihre individuellen Erkenntnisse mitzuteilen.
Diese Methode findet Anwendung, wenn es um erfahrungsbezogene
Übungen geht oder dann, wenn in der Kleingruppe intensive persönliche Lernerfahrungen gemacht wurden.
Hier sind die Regeln des Rundgespräches zu beachten, die im weiter-
bildung live Buch 1 "den Ton treffen - Kompetenz für Gesprächslei-
tung", genauer beschrieben sind:
- Jede(r) TeilnehmerIn äußert sich zu seinen/ihren persönlichen,
  subjektiven Erfahrungen.
- Die Kursleitung verbalisiert die Aussagen und fragt so lange mit
  offenen Fragen nach, bis der Kern der Aussage klar geworden ist.
- Die Kursleitung achtet darauf, daß die Aussagen nicht bewertet
  oder diskutiert werden.
- Die Kursleitung faßt am Ende alle Aussagen zusammen.

Sind alle Ergebnisse zusammengetragen, sollten diese von der Kursleitung in das Gesamtziel des Kurses eingebunden werden.

Will die Kursleitung selbst Informationen zu einem Themengebiet
geben, ist hier der richtige Ort dafür. Sie braucht nur noch die
Ergebnisse der Kleingruppenarbeit durch die noch nicht genannten
Informationen zu ergänzen oder die Ergebnisse in ein Theoriemodell zu
übertragen.
Die TeilnehmerInnen können die neuen Informationen dann an das
eigene Wissen und an die in der Kleingruppe gemachten Erfahrungen
anknüpfen. Erst so werden Lernergebnisse auch behalten.
Ist diese Phase gut verlaufen, d.h. hat die Übung ihren Sinn und Zweck
erreicht, kann nun von der Kursleitung der nächste Lernschritt eingeleitet werden.

Dieser ergibt sich aus der Auswertungsphase der letzten Übung. Die
Kursleitung weiß jetzt, wo die einzelnen TeilnehmerInnen stehen und

was sie noch brauchen, um das Ziel des Kurses oder des Seminars zu erreichen.

Beispiele:
- In einem Seminar zur Gesprächsführung kann dies eine neue Trainingssequenz sein, wenn in der Auswertung deutlich wurde, daß die TeilnehmerInnen z.B. das Verbalisieren schon beherrschen, so daß zum nächsten Lernschritt übergegangen werden kann.
- In einem Seminar zur Abklärung der eigenen Leiterrolle kann in der Auswertung einer Übung deutlich werden, daß nun eine Übung sinnvoll ist, in der sich die TeilnehmerInnen gegenseitig Rückmeldung auf ihre persönliche Wirkung geben können.
- Bei einer Abendveranstaltung kann in der Auswertung das Thema für ein nächstes Treffen gefunden werden.

1.6 Wenn eine Übung nicht so läuft wie geplant - Hinweise zur Fehleranalyse

Trotz guter Planung gelingen Übungen nicht immer.
Dies kann verschiedene Ursachen haben. Hat man das Gefühl, daß die Übung nicht gut gelaufen ist, daß die TeilnehmerInnen nicht den gewünschten Lernerfolg hatten oder die Übung verweigert haben, empfiehlt es sich, den Ablauf der Übung von Beginn an zu überprüfen (eine Checkliste findet sich im Anhang des Buches). So gewinnt man mit der Zeit ein Gespür für die einzelnen Abschnitte einer Übung.

Mögliche Fehlerquellen bei Übungen:
- Die Übung war zu lang - die TeilnehmerInnen hatten zwar Freude an der Übung, für die Auswertung fehlte jedoch die Motivation.
- Die Übung wurde von den TeilnehmerInnen zwar mitgemacht, doch da der Zielbezug fehlte, konnte die Übung nicht ergiebig genug ausgewertet werden.
- Das Lernziel war für die TeilnehmerInnen nicht klar, sie fragten sich, warum sie die Übung überhaupt machen sollten und stiegen nicht richtig ins Üben ein.

- Die Übung war zu kompliziert, so daß die TeilnehmerInnen die Orientierung verloren haben.
- Die Instruktionen waren nicht klar genug formuliert, die TeilnehmerInnen haben sie unterschiedlich interpretiert.
- Übung und Auswertung sind zwar gelungen, das Ergebnis reicht jedoch nicht aus, um einen neuen Lernschritt anzugehen. Es muß eine weitere Übung angeboten werden, die zu weiteren Ergebnissen führt. Evtl. muß das Thema eingegrenzt werden.
- Die Auswertung war nicht sorgfältig genug. Nicht alle Aspekte sind erfaßt worden oder es fehlt die Verknüpfung mit dem Ziel des Seminars. Den TeilnehmerInnen fehlt Orientierung.
- Es können Konflikte unter TeilnehmerInnen oder mit der Leitung vorhanden sein.
  Z.B, wenn die Kursleitung oder TeilnehmerInnen bei der letzten Auswertung Ergebnisse von Kleingruppen zu stark bewertet haben.
  Es kann auch sein, daß sich einzelne TeilnehmerInnen von der Kursleitung mißverstanden und benachteiligt fühlen. Sie können dann die Motivation zur weiteren Mitarbeit verlieren und behindern nun den Lernprozeß.
  Es kann erst dann erfolgreich weitergearbeitet werden, wenn die Konflikte von der Leitung thematisiert und bearbeitet sind (siehe auch weiterbildung live Band 1, Kap. 7 und Band 4 „Hinter Konflikten stecken Energien").

Wir wollen verschiedene Übungen vorstellen, die wir in unseren Kursen und Seminaren eingesetzt und auf ihre Wirksamkeit hin reflektiert haben.
Gegliedert haben wir die Übungen nach verschiedenen Einsatzbereichen:
- Übungen für den Einstieg in Kurse = E
- Übungen für den Gruppenprozeß = P
- Themen- und lernorientierte Übungen = L
- Übungen für die Gesprächsleitung = G
- Entspannungs- und Bewegungsübungen im Kursverlauf = K
- Übungen für den Ausstieg = A

Die Darstellung einer jeden Übung beginnt mit einer kurzen Übersicht über die möglichen Einsatzbereiche.
Der Haupteinsatzbereich ist mit einem Punkt gekennzeichnet.
Da viele Übungen neben dem Haupteinsatzbereich auch andere Funktionen haben können, sind diese mit einem Häkchen gekennzeichnet.
Die Übung wird dann ausführlich beschrieben.
Anschließend wird jede Übung in einer Kurzfassung unter drei Aspekten dargestellt:

Inhaltsaspekt:	Worum geht es in der Übung? Z.B. Beziehung aufzunehmen, die Stimmung in der Kursgruppe transparent zu machen, eine Gesprächsform einzuüben, die Aspekte eines Themas herauszuarbeiten.
Beziehungsaspekt:	Welche Kommunkikationsstruktur wird durch die Übung, die Methode ermöglicht, aufgebaut?
Regelaspekt:	Was ist die Grammatik der Übung? Welche Schritte und speziellen Anweisungen müssen eingehalten werden, damit die Übung funktioniert?

2. Übungen für den Einstieg in Kurse

Zu Beginn eines jeden Kurses fühlen sich die TeilnehmerInnen noch fremd in der neuen Umgebung, es fehlt ihnen Orientierung darüber, wer die anderen TeilnehmerInnen sind, wie die Kursleitung arbeitet und ob ihre Erwartungen an den Kurs erfüllt werden.

Es gibt auch TeilnehmerInnen, die nicht gewohnt sind, vor einer Gruppe zu sprechen. Sie sollten in der Einstiegsphase die Gelegenheit haben, ihre Ängste und Hemmungen abzubauen.

Es ist die Aufgabe der Kursleitung, in der "Einstiegsphase" dafür zu sorgen, daß die TeilnehmerInnen gut in den Kurs "einsteigen" können. Dies ist möglich, wenn die Beziehungsebene in den Vordergrund gerückt wird.

Die TeilnehmerInnen orientieren sich in dieser Phase primär an der Kursleitung, so daß diese mit ihrem Verhalten die Arbeitsatmosphäre entscheidend beeinflussen kann. Zeigt sich die Leitung hier offen und bereit, auf die TeilnehmerInnen einzugehen, entsteht gleich zu Beginn ein Klima von Nähe und gegenseitiger Wertschätzung.

Die Übungen in der Einstiegsphase sollten dem Ziel dienen, ein Beziehungsgeflecht in der Gruppe entstehen zu lassen, in das auch die Leitung mit einbezogen ist.

Methodisch gilt die auf Seite 11 beschriebene Grundregel:

Individualphase ⇒ Kleingruppe ⇒ Plenum ⇒

Entscheidend ist hier vor allem die Kleingruppenphase, denn den TeilnehmerInnen fällt es zu Beginn eines Kurses im kleinen Kreis leichter, sich zu öffnen. Sie verlieren so ihre Scheu und können später auch in der großen Gruppe aktiv werden.

In der Einstiegsphase, aber nicht nur hier, können folgende Übungen eingesetzt werden, die wir anschließend beschreiben:

E 1   Bildersprache
E 2   Kurzfilm
E 3   Partnerinterview

Bildersprache

Die Bildersprache mit ihren verschiedenen Varianten ist eine Einstiegs-
methode, die es den TeilnehmerInnen erleichtert, sich auf das Kursgeschehen einzulassen.
Mit Hilfe eines Bildes, das sich die TeilnehmerInnen entsprechend ihrer
Befindlichkeit aussuchen können, wird das Reden über Persönliches
leichter, werden Hemmungen abgebaut, im Plenum zu sprechen und
das Ankommen in der Gruppe erleichtert.
Fotos und Bilder kann man selbst sammeln und zusammenstellen.
Wichtig ist, daß die Bilder eine symbolische Aussagekraft haben, mit
der sich die TeilnehmerInnen entsprechend ihrer Situation identifizie-
ren können.
Man kann sich aus Kalenderblättern oder Postkarten nach und nach
eine Bildersammlung anlegen. Dabei sortiert man die Bilder aus, die nie
oder nur selten gewählt werden, und man ergänzt die Sammlung mit
neuen Motiven.
In der Kurssituation werden entspechend viele Bilder ausgelegt (als
Richtlinie: bei 20 TeilnehmerInnen ca. 50 Bilder). Die TeilnehmerInnen
werden motiviert, sich die Bilder in Ruhe anzuschauen und ein Bild zu
wählen, das der inneren Befindlichkeit entspricht. Es empfiehlt sich dazu eine Fragestellung wie:
„Welches Bild gibt wieder, was für mich... bedeutet?"
Hier ist es wichtig, daß alle TeilnehmerInnen die Möglichkeit haben,
sich die Bilder anzusehen. Erst dann kann sich jeder sein Bild nehmen.
Wählen mehrere TeilnehmerInnen das gleiche Bild, gehen diese in die
gleiche Kleingruppe.
Hat jede(r) ein Bild gefunden, setzen sich Kleingruppen von drei bis
vier Personen zusammen, die sich zu den Bildern austauschen.

In der anschließenden Plenumsrunde, kann sich jede(r) TeilnehmerIn vorstellen und kurz etwas über sein Bild erzählen. Arbeitet die Kurs-/Seminargruppe über mehrere Tage zusammen, so können die Bilder aufgehängt werden und begleiten so die Teilnehmer-Innen durch die gemeinsame Zeit.

Anwendungsbereich:	Bei Einstiegen in Kurse und Seminare.
Ziel:	Anhand des Bildes zur eigenen Befindlichkeit bzw. über persönliche Einstellungen, Lebenssituationen leichter sprechen können, Überwindung der Hemmschwelle, im Plenum etwas zu sagen.
Inhaltsebene:	Meine momentane Befindlichkeit und Situation, die durch ein Bild wiedergegeben werden kann, z.B.: - Wie bin ich am Seminarort angekommen? - Welches Bild gibt wieder, was für mich ... (Aspekt des Seminarthemas bedeutet)?
Beziehungsebene:	Zunächst Einzelarbeit, dann Kleingruppenarbeit und Plenum.
Regelebene:	Für die TeilnehmerInnen: In der ersten Phase sucht jeder für sich ein Bild, das gewählte Bild erst nehmen, wenn alle sich die Bilder angesehen haben. Keine Unterhaltung über die ausgelegten Bilder. Für die Leitung: Da die Gruppen sich am Beginn eines Kurses noch eher an der Leitung orientieren, klare Anweisungen g Die Leitung macht die Übung mit.

Varianten:	Themenbezogene Bildersprache: Die Bilder passend zum Seminarthema aus- wählen, z.B. Bilder von Kindersendungen zum Thema „Kinder und Fernsehen". Die Überleitung zum nächsten Schritt er- gibt sich bei einer thematischen Vorgabe dadurch, daß die Kursleitung die Aussagen strukturiert und evtl. auf einer Wandzeitung festhält. (Bilder können zu einem Aspekt des Seminar- themas ausgewählt werden) Tarotkarten: Der Einstieg mit Tarotkarten bietet sich durch den einerseits freien Charakter und die ander- erseits tiefe symbolische Aussagekraft der Motive (Archetypen) an. Mögliche Frage zur Auswahl der Tarot-Kar- ten: - Welche Karte gibt wieder, wie ich mich in der Situation ..., Rolle ... fühle? Über die (offizielle) Deutungen der Tarot- karten braucht kein Vorwissen vorhanden zu sein. Die TeilnehmerInnen brauchen die Moti- ve nur auf ihre Lebenssituation, ihre Befind- lichkeit zu beziehen. Man sollte im Gegenteil darauf achten, daß die Karten weder von der Leitung, noch von den TeilnehmerInnen analysiert werden. Das kann gleich zu Beginn eine schlechte Stim- mung in der Gruppe erzeugen.
Symbolsprache:	Anstelle von Bildern kann man auch Gegen- stände auslegen, die aus dem Haushalt, aus der Natur oder aus der Spielecke des Kinder- zimmers zusammengesucht werden.

Auch hier kann man einen thematischen Einstieg wählen (z.B. Kinderspielzeug bei einem Elternabend zum Thema: „Das Kinderspiel"). Die Struktur und der Ablauf orientieren sich an der „Bildersprache".

Kurzfilm

Eine Form des Einstiegs, die sich mit Medien gestalten läßt, ist das gemeinsame Ansehen eines Kurzfilmes, einer Filmsequenz oder eines Zusammenschnitts von verschiedenen Filmszenen oder von Sequenzen einer Fernsehserie.

Nach dem gemeinsamen Ansehen können sich die TeilnehmerInnen über den Film, über ihre Gefühle und Eindrücke, die durch den Film ausgelöst worden sind, unterhalten.

Die Leitung motiviert die TeilnehmerInnen, sich den Film in Ruhe anzusehen. Anschließend stellt sie Fragen an die Gruppe, mit denen sich die TeilnehmerInnen erst alleine beschäftigen. Dann erfolgt ein Austausch in Kleingruppen, an den sich eine Plenumsrunde anschließt.

Mögliche Fragen können sein:
- Wie habe ich den Film erlebt?
- Was hat der Film bei mir ausgelöst?
- Was ist die Aussage des Films?
- Wie paßt der Film in meine momentane Lebenssituation?

Anwendungsbereich:	Zu Beginn von Seminaren oder im Verlauf eines Seminars.
Ziel:	Über das Medium Film mit anderen KursteilnehmerInnen ins Gespräch kommen.
Beziehungsebene:	Zunächst Einzelarbeit (Ansehen des Kurzfilms und Beantwortung der Fragen), dann Kontakt mit einzelnen in Kleingruppen.
Inhaltsebene:	Die TeilnehmerInnen können sich mit anderen

Gruppenmitgliedern über ihre Gefühle und ihre Eindrücke hinsichtlich des Films austauschen.

Regelebene:
Für die TeilnehmerInnen:
Den Film ohne Zwischengespräche ansehen, sich dann mit den Fragen auseinandersetzen.

Für die Leitung:
Die Kursleitung motiviert zum Ansehen des Films und leitet die Auswertung im Rundgespräch.

Variante:
Themenbezoger Kurzfilm:
Der Kurzfilm oder Filmausschnitt wird passend zum Seminarthema ausgewählt. Die Kursleitung strukturiert die Aussagen und hält sie evtl. auf einer Wandzeitung fest. Daraus ergibt sich dann die Überleitung zum nächsten Lernschritt.

E 3

●Einstieg	Prozeß	Bewegung	✓Individuell
Ausstieg	Lernen	Entspannung	✓Gruppe

Partnerinterview

Die Einstiegsübung „Partnerinterview" bietet sich besonders für Semi-
nare an, in denen Gesprächsführung trainiert werden soll, da hier schon
das gute Zuhören und Wiedergeben von Gesprächsbeiträgen gefragt ist.
Die Leitung formuliert verschiedene Fragen, die sie am besten auch auf
einem Flip-Chart notiert, wie z.B.:
- Wo komme ich her?
- Wie war meine Anreise?
- Was lasse ich hinter mir?
- Welche Stimmung bringe ich für das Seminar mit?
- Welche Erwartungen habe ich an das Seminar?

Die TeilnehmerInnen drehen sich nun zu zweit zusammen und stellen
sich gegenseitig die Fragen und beantworten sie. Beherrschen die TeilnehmerInnen, evtl. aus einem früheren Seminar, die Methode des akti-
ven Zuhörens, können sie sich gegenseitig verbalisieren.
In einer anschließenden Plenumsrunde stellt jede(r) seine(n) GesprächspartnerIn vor.

Anwendungsbereich: Zu Beginn von Kursen und Seminaren, speziell
                       bei Gesprächstrainings.

Ziel: Näheres Kennenlernen eines(r) TeilnehmerIn.
                       Leichteres Einsteigen in die Plenumsrunde.

Beziehungsebene: Zweiergespräch - der/die andere stellt mich vor.

Inhaltsebene: Die TeilnehmerInnen können sich über ihre Situation, Motivation, Stimmung... mit anderen austauschen.

Regelebene: Für die TeilnehmerInnen:
Jeder stellt den Gesprächspartner im Plenum vor.

Für die Leitung:
Die Kursleitung motiviert die TeilnehmerInnen, sich mit einem anderen Gruppenmitglied auszutauschen und achtet darauf, daß alle vorgestellt werden.
Die Leitung nimmt an der Übung teil.

Variationen: Vorstellen mit persönlichen Gegenständen:
Die TeilnehmerInnen stellen sich mit einem persönlichen Gegenstand oder einem für sie charakteristischen Merkmal vor.
Man kann in der Einladung dazu auffordern, daß jeder einen Gegenstand mitbringt, der über ihn/sie etwas aussagt.

Schlüsselmethode:
Jeder sagt zu symbolischen Schlüsseln etwas
- Was ist mein wichtigster Schlüssel?
- Was konnte ich abschließen, bevor ich in das Seminar gekommen bin?
- Was mußte ich unabgeschlossen zurücklassen?
- Was möchte ich mir in diesem Kurs erschließen?

Fragebogen zum Einstieg

Ein Seminar oder einem Kurs kann damit beginnen, daß die TeilnehmerInnen einen auf die Anfangssituation bezogenen Fragebogen ausfüllen.

Einzusetzen ist diese Methode vor allem bei Seminaren mit sachbezogenen Inhalten, da man hier das schon vorhandene Wissen und die Erwartungen an die Inhalte des Seminars erfragen kann.

Der Fragebogen kann neben persönlichen Fragen auch solche zu Erfahrungen mit dem Seminarthema und zu den Lernwünschen beinhalten. Z.B.:

- Wie bin ich hierher gekommen?
- In welcher Funktion bin ich hier?
- Was will ich hier lernen?
- Wo will ich das Gelernte einsetzen?
- Warum ist das Seminar jetzt für mich wichtig?
- Welche Erfahrungen habe ich mit ... gemacht?

Der Fragebogen kann von den TeilnehmerInnen zunächst in Einzelarbeit ausgefüllt werden. Nachdem sich die TeilnehmerInnen in Kleingruppen ausgetauscht haben, können die wichtigsten Aspekte im Plenum zusammengetragen werden.

Anwendungsbereich: Zum Einstieg in eher sachbezogene Semiare.

Ziel: Jede(r) kann sich darüber klar werden, was
                       er/sie schon an Erfahrungen und Wissen mit-
                       bringt, was er/sie lernen will und kann mit
                       anderen darüber ins Gespräch kommen.

34

Beziehungsebene:	Einzelarbeit, die in Kleinguppen besprochen werden kann, um dann im Plenum ausgewertet zu werden.
Inhaltsebene:	Formulierung der eigenen Situation, der eigenen Erfahrungen sowie der Erwartungen an den Kurs.
Regelebene:	Fragebögen vorbereiten und an die TeilnehmerInnen verteilen.

Einstiegsphase mit Medien

Die Gruppe wird in drei bis vier Kleingruppen aufgeteilt. Jede Kleingruppe erhält eine andere Aufgabe.

Kleingruppe 1 (evtl. auch zwei Kleingruppen):
Tonband/Video
"Interviewen Sie die KursteilnehmerInnen und stellen Sie sie dadurch der Gruppe vor. Die Ergebnisse werden im Plenum präsentiert."

Kleingruppe 2:
Wandzeitung
"Erstellen Sie eine Wandzeitung, die die wichtigsten Informationen über alle KursteilnehmerInnen enthält und die während des gesamten Seminars zur Verfügung steht.
Die Wandzeitung soll während des Kurses das Zuordnen der Namen ermöglichen."

Kleingruppe 3:
Fragebogen
"Erstellen Sie einen (kurzen) Fragebogen, den Sie anschließend allen KursteilnehmerInnen vorlegen, um deren Motivation für die Teilnahme und die Erwartungen an den Kurs zu erfahren. Die Ergebnisse werden im Plenum vorgestellt."

Die Kleingruppen brauchen ca. 60 Minuten Zeit, um ihre Aufgabe zu erfüllen.
Die Ergebnisse der Kleingruppen werden anschließend im Plenum vorgestellt.

Anwendungsbereich:	Zu Beginn eines Kurses oder eines Seminars.
Ziel:	Kennenlernen der TeilnehmerInnen untereinander, Scheu vor dem Gebrauch von Medien verlieren.
Beziehungsebene:	Gruppenarbeit, ein Teil der Gesamtgruppe kann kennengelernt werden. Zu den übrigen Mitgliedern wird ein erster Kontakt ermöglicht.
Inhaltsebene:	Auseinandersetzung mit den anderen KursteilnehmerInnen, Orientierung darüber, wer noch da ist. Umgang mit verschiedenen Medien.
Regelebene:	Für die TeilnehmerInnen: Erfüllung der Aufgaben und Präsentation der Ergebnisse im Plenum.
	Für die Leitung: TeilnehmerInnen arbeiten in Kleingruppen, klare Arbeitsaufträge erteilen. Auswertung der Kleingruppenarbeit im Plenum.
Variante:	Statt der Tonbandinterviews - Vorstellen mit Video.

Film oder Video als Einstieg in eine Problemstellung oder zur Artikulation von Erfahrungen

Filme oder Videos haben immer den Effekt, daß die Lerngruppe eine gemeinsame Erfahrung macht, weil es einen Erlebniswert gibt, den alle teilen.
Die Filme bzw. Videobeiträge sollten nicht zu lang sein, da das Gespräch dann immer schwieriger wird. Am besten eignen sich kurze Filme, die eine Frage offen lassen oder Ausschnitte aus Serien, in denmen z.B. ein Konflikt, eine Fragestellung „in Szene gesetzt" ist.
Manchmal reichen drei Minuten, viel mehr als 15 Minuten sollten es nicht sein.
Das Gespräch nach dem Film, nach dem Ausschnitt aus der Serie, sollte durch einen kleinen Fragebogen strukturiert werden.
In der Individualphase wird der Bogen ausgefüllt, in der Kleingruppenphase besprochen, die Ergebnisse werden im Plenum zusammengetragen.
Die Fragen können nach folgendem Muster formuliert werden:
- Welche Empfindungen hat der Film, die Szene bei mir zurückgelassen?
- Inwieweit kenne ich solche Situationen, Probleme, Fragen?
- Was ist für mich die Aussage, das Problem des Films, des Ausschnitts?

Wichtig ist, immer bei der persönlichen Empfindung, d.h. auf der emotionalen Ebene anzusetzen und dann zu den eher thematischen Fragen überzugehen.

Anwendungsbereich: - Thema in eine Gruppe bringen,

38

- Gesprächsbereitschaft fördern,
- schneller Einstieg in das Thema.

Ziel:	Die Seminargruppe in eine gemeinsame Erfahrungsebene bringen.
Beziehungsebene:	Gemeinsam etwas erleben, bzw. etwas erfahren.
Inhaltsebene:	Ein Problem, Erfahrung, Fragestellung wird zum Thema der Gruppe.
Regelebene:	Für die Leitung: Film, Videoband nur kurz einführen, die Auswertung in Individual-, Kleingruppen und Plenumsphase strukturieren

Marktplatz

Die Übung „Marktplatz" ist eine Einstiegsübung, die sich besonders bei Folgetreffen von mehrteiligen Seminaren anbietet. Die Teilnehmer-Innen kennen sich schon, haben gemeinsame Erfahrungen gemacht und haben sich eine zeitlang nicht gesehen.

Auf dem „Marktplatz" kann jede(r) jede(n) sehen und mit einigen TeilnehmerInnen ins Gespräch kommen. So kann sich jede(r) wieder in die Gruppe einfinden, und es entsteht schnell eine vertraute Atmosphäre.

Auf die Aufforderung der Leitung hin bewegen sich alle Teilneh-merInnen frei im Raum (evtl. mit Musik im Hintergrund) und nehmen zuerst Blickkontakt zu den anderen Gruppenmitgliedern auf.

Im nächsten Schritt motiviert die Leitung die TeilnehmerInnnen dazu, sich eine(n) GesprächspartnerIn zu suchen und sich mit ihm/ihr auszu-tauschen. Die Fragestellung wird von der Leitung vorgegeben (die Musik wird ausgeblendet). Nach ein paar Minuten bittet die Leitung, das Gespräch zu beenden und weiter im Raum umherzugehen. Dann wird ein(e) neue(r) PartnerIn gesucht und eine neue Frage gestellt.

Insgesamt können drei bis vier Fragen in die Gruppe gegeben werden. Mögliche Fragen sind:
- Wie war die Anreise heute morgen?
- Welche Stimmung bringe ich mit?
- Wie ist es mir seit dem letzten Treffen ergangen?

Es bietet sich hier auch an, Fragen zum Lernthema des Seminars zu stellen. Die TeilnehmerInnen können sich so auf die Thematik des Se-minars einstellen und sich über die, in der Zwischenzeit gemachten Er-fahrungen austauschen, z.B.
- Wo konnte ich das im letzten Seminar Gelernte schon ausprobieren?
- Was hat gut geklappt?

- Womit hatte ich noch Schwierigkeiten?

Anwendungsbereich:	Zu Beginn von Kursen und Seminaren, besonders bei Folgetreffen.
Ziel:	Wahrnehmung der anderen TeilnehmerInnen, Kontaktaufnahme mit einzelnen Gruppenmitgliedern.
Beziehungsebene:	Zunächst nonverbale Beziehungsaufnahme, dann Zweiergespräche.
Inhaltsebene:	Die TeilnehmerInnen haben die Gelegenheit, sich mit anderen Personen aus der Gruppe über ihre private oder berufliche Situation, ihre Befindlichkeit, ihre Erfahrungen, ihre Motivation auszutauschen.
Regelebene:	Für die TeilnehmerInnen: Zunächst nonverbale Beziehungsaufnahme, dann Gespräche zu Fragen, die von der Leitung vorgegeben werden.
	Für die Leitung: Sie motiviert die TeilnehmerInnnen, gibt die Anleitungen und Fragen in die Gruppe, markiert die Zeiten. Die Leitung nimmt an der Übung teil.

Schnecke (Innenkreis - Außenkreis)

Die TeilnehmerInnen stehen sich in zwei Kreisen, einem Innen- und einem Außenkreis, paarweise gegenüber. Die Leitung gibt eine Frage in die Gruppe, zu der sich die Paare austauschen. Nach einer gewissen Zeit (diese ist abhängig von der Intensität der Frage) fordert die Leitung die TeilnehmerInnen auf, das Gespräch langsam zu beenden und bittet die TeilnehmerInnen des Außenkreises, einen Platz nach links zu rücken. Die Leitung formuliert eine weitere Frage, über die sich das neue Paar unterhalten kann. Diese Instruktionen können fünfmal mit einer neuen Fragestellung wiederholt werden, so daß jede/r Teilnehmer-In mit fünf Personen reden kann.

Die Fragen beziehen sich auf das Ankommen und die aktuelle Situation der TeilnehmerInnen. Z.B.:

- Erzählen Sie sich gegenseitig, wer Sie sind und was Sie zurücklassen.
- Was hat Sie motiviert, diesen Kurs zu besuchen?
- Welche Stimmung bringen Sie in den Kurs mit?

Die Übung läßt sich auch in Gruppen einsetzen, die sich schon kennen. Sie kann helfen, den Bezug zum letzten Treffen der Gruppe wieder aufzunehmen. Hier können folgende Fragen formuliert werden:

- Welche Erfahrungen haben Sie aus dem letzten Treffen mitgenommen?
- Wie ist es Ihnen in der letzten Woche damit ergangen?

Anwendungsbereich: Die Übung kann als Einstieg in eine neue
                       Gruppe dienen, in der sich noch niemand
                       kennt oder in Gruppen, die sich wiedertreffen
                       und innerhalb derer ein Bezug zum letzten
                       Treffen gefunden werden soll.

Ziel:	Das Ziel dieser Übung besteht darin, den TeilnehmerInnen zu Beginn die Kontaktaufnahme zu erleichtern, mit mehreren Personen in relativ kurzer Zeit ins Gespräch zu kommen und das "Verlorenheitsgefühl" in der Anfangsphase zu reduzieren. Sie ermöglicht auch, daß in einer Seminarreihe die TeilnehmerInnen an die letzte Kurseinheit anknüpfen können.
Beziehungsebene:	Die Paargespräche ermöglichen individuelle Äußerungen, die sich auf die persönliche Situation oder Erfahrungen der Gesprächspartner beziehen. Sie baut Hemmungen ab sich in der Gruppe zu äußeren und stellt ein erstes Gefühl der Nähe her.
Regelebene:	Für die TeilnehmerInnen:

Für die TeilnehmerInnen:
- "Erzählen Sie sich.....",
- "Sie erhalten nach einigen Minuten neue Instruktionen"
- "Kommen Sie langsam zum Ende Ihrer Erzählung"
- "Der Außenkreis rückt einen Platz nach links"
- Neue Frageformulierung

Für die Leitung:
Sie achtet darauf, daß die Fragen so gestellt sind, daß ein persönliches Ankommen ermöglicht wird. Sie gibt immer nur eine Frage in die Gruppe. Die Leitung kann in dieser Phase mitmachen und bekommt dadurch auch ein gutes Gespür, wieviel Zeit für den Austausch über die einzelnen Fragen benötigt wird.

Variante: Anstatt sich in zwei Kreisen gegenüber zu
stehen, kann die Leitung die TeilnehmerInnen
auffordern, durch den Raum zu gehen und auf
jemanden zuzugehen, mit dem sie sich unter-
haltent möchten.
Diese Vorgehensweise ist lockerer und kann in
der Phase des Gehens mit Musik unterlegt
werden (siehe: Marktplatz - E 6).

Schatzkiste

In der Mitte eines Kreises steht eine Schachtel oder ein Korb, abgedeckt durch ein großes Tuch. Die "Schatzkiste" ist leer, enthält jedoch alle imaginären Situationen, Wünsche und Bedürfnisse der TeilnehmerInnen. Die Leitung bescheibt die Schatzkiste und motiviert jede/n TeilnehmerIn, ein Symbol aus der Schatzkiste zu nehmen, das die persönliche Stimmung wiedergibt, was der/die einzelne zu Hause bzw. am Arbeitsplatz zurückläßt, was er/sie sich für den Kurs vornimmt. Die TeilnehmerInnen wählen nacheinander ein imaginäres Symbol aus der Schachtel, mit dem sie sich der Gruppe im Plenum vorstellen.

Anwendungsbereich:	Diese Übung kann als Einstieg in eine neue Gruppe dienen, um sich kennenzulernen, ist aber auch in vertrauten Gruppen eine Möglichkeit, persönlich anzukommen oder mitzuteilen, wie es jedem geht und was jede/r erwartet. Sie ist außerdem für Auswertungsphasen zu nutzen, wenn es darum geht, was die TeilnehmerInnen aus der Schatzkiste "Kurs" mitnehmen.
Ziel:	Persönlich in der Gruppe ankommen, Kreativität der TeilnehmerInnen ermöglichen und Aufmerksamkeit füreinander wecken. Der imaginäre Gegenstand erleichtert hier das Sprechen über Persönliches.

Beziehungsebene:

Die geheimnisvolle Schachtel in der Mitte macht diese Übung interessant und spannend, es gibt viel Interesse füreinander. Um die gegenseitige Aufmerksamkeit zu erreichen und zu erhalten, wird sie ohne vorherige Kleingruppenarbeit im Plenum durchgeführt.

Regelebene:

Für die TeilnehmerInnen:
- Beschreibung der Schatzkiste.
- Motivation, sich aus der Schatzkiste etwas zu nehmen, mit dem sie sich vorstellen können.
- Beschreiben, was sie aus der Schatzkiste genommen haben und den Bezug zur eigenen augenblicklichen Situation oder Stimmung herstellen, zu dem, was zurückgelassen wird und was man sich für den beginnenden Kurs herausnimmt.

Für die Leitung:
Die Leitung motiviert die TeilnehmerInnen sich aus der Schatzkiste etwas zu nehmen, mit dem sie sich vorstellen können.
Sie achtet darauf, daß keine Bewertungen durch andere TeilnehmerInnen passieren.

Variante:

Die Schatzkiste kann auch genutzt werden, wenn die Gruppe für ihre Arbeit Ideen sucht, so z.B. in der Brainstormingsphase einer Konferenz. Die Übung ermöglicht, auch Unmögliches zu wünschen und setzt Ideen frei.

3. Übungen für den Gruppenprozeß

Hat man als KursleiterIn die Einstiegsphase eines Kurses so gestaltet, daß die TeilnehmerInnen Beziehungen untereinander aufgenommen haben und sich mit ihren Erwartungen und Wünschen einbringen konnten, ist schon eine wichtige Grundlage für den weiteren Kursverlauf geschaffen. Die TeilnehmerInnen fühlen sich ernst genommen, haben Orientierung innerhalb der Gruppe und im Hinblick auf Inhalte und Ziele des Seminars.

Eine Leitung, die nicht nur ihr eigenes Kursziel im Blick hat, sondern gewillt ist, den TeilnehmerInnen Raum für eigene Erfahrungen zu lassen, hat jetzt die Möglichkeit, durch gezielt eingesetzte Übungen, die auf das Gesamtziel des Kurses abgestimmt sind, den Gruppen- und Lernprozeß in Bewegung zu bringen.

Es ist für die Leitung eines teilnehmerorientierten Seminars hilfreich, wenn sie über einen Fundus von Übungen verfügt, die sie prozeßorientiert einsetzen kann.

Die Übung wird somit nicht nur um der Übung willen eingesetzt, sondern in einen übergeordneten Zusammenhang gebracht.

Besonders wichtig ist dies in Seminaren, bei denen es auch um die persönliche Weiterentwicklung der TeilnehmerInnen gehen soll, wie z.B. bei Leitungstrainings, bei Seminaren, in denen es um die Auseinandersetzung mit der eigenen Berufsrolle geht oder in Konflikttrainings.

Neben einer klaren Anleitung zu den Übungen ist hier die sorgfältige Auswertung besonders wichtig. Nur wenn die TeilnehmerInnen ihre individuellen Erfahrungen austauschen können und wenn diese Erfahrungen auch in einen größeren Zusammenhang gebracht werden können, ist eine persönliche Erkenntnis bzw. ein persönlicher Lernschritt möglich. Dann wird es eine prozeßhafte Weiterentwicklung innerhalb der Seminargruppe geben.

Folgende Übungen für den Prozeßverlauf stellen wir vor:
P 1   Blitzlicht
P 2   Murmelrunde
P 3   Den richtigen Abstand finden
P 4   Malen nach Musik

P 5   Leiten und Begleiten
P 6   „Nährende" Übung
P 7   Prozeßorientiertes Bibelgespräch
P 8   Einzelbild - Einzeldiaübung
P 9   Rückmeldeübung
P 10 Gruppenskulptur bauen
P 11 Positive Rückmeldung an den Gesprächspartner
P 12 Sharing
P 13 Processing
P 14 Meine Lebensgeschichte
P 15 Feedbackübung mit Gegenständen und Symbolen
P 16 Tagesreporter
P 17 Prozessanalyse
P 18 Mein zweites Gesicht - Übung mit Masken und anderem
      Assessiores

Blitzlicht

Das „Blitzlicht" ist eine gute Methode, um sich selbst in der Leitung sowie den TeilnehmerInnen einen Überblick darüber zu verschaffen, wie die Stimmung in der Gruppe ist, ob es Störungen, Konflike oder Einwände gibt.

Die Kursleitung kann ein „Blitzlicht" anmelden, wenn sie z.b. das Gefühl hat, der Gruppenprozeß stockt oder in der Gruppe besteht eine Lernblockade, die noch nicht gernau benannt werden kann.

Nachdem die Leitung die TeilnehmerInnen motiviert hat, sich zu äußern, kann sie an die Gruppe z.b. folgende Fragen geben:
- Wie ist meine Stimmung im Moment?
- Wie ist meine momentane Lernmotivation?
- Wie geht es mir in der Gruppe?

Haben einzelne geäußert, daß Unklarheiten, Konflikte oder Blockaden bestehen, kann die Leitung am Ende der Runde darauf eingehen.

Anwendungsbereiche:	- Zum Einstieg in den Tag - Zum Abschluß einer Übungseinheit - Als Tagesabschluß - Zu Beginn einer neuen Arbeitseinheit
Ziel:	Jede(r) kann sich einen Überblick darüber verschaffen, wie die Befindlichkeit in der Gruppe ist, welche Stimmung da ist, ob es evtl. Konflikte gibt - aber auch, um eigene Bedürfnisse oder Störungen anzumelden.
Beziehungsebene:	Dem Blitzlicht geht keine Einzelarbeit voraus,

jede(r) gibt Kenntnis von sich in das Plenum.

Inhaltsebene: Die augenblickliche Befindlichkeit.

Regelebene: Für die TeilnehmerInnen:
Jede(r) spricht nur von sich selbst, es darf
nicht auf die Aussagen anderer Bezug
genommen werden.

Für die Leitung:
Darauf achten, daß in Ich-Aussagen gesprochen wird und daß Aussagen nicht bewertet
werden.
Wenn jemand die Äußerungen eines anderen
korrigiert, greift die Leitung sofort ein.
Bezieht sich jemand auf das Blitzlicht eines
anderen, etwa in der Form „Mir geht es auch
...“, weist die Leitung darauf hin, nur für sich
zu sprechen.
Die Leitung beteiligt sich am Blitzlicht, äußert
sich aber am Schluß.

Murmelrunde

Die Murmelrunde ist eine Möglichkeit, das Plenum aufzulösen, wenn dort bestimmte Fragestellungen nicht zu klären sind, wenn es Unruhe gibt, wenn etwas festgefahren ist oder um möglichst schnell zu Ergebnissen bei einer Fragestellung zu kommen.

Die Leitung hebt das Plenum auf und die TeilnehmerInnen haben die Möglichkeit, sich zu dritt zusammenzudrehen. Sie können sich untereinander zu einer Fragestellung, die die Leitung einbringt, besprechen.

So können Spannungen angesprochen und schon in Ansätzen abgebaut werden.

War das Plenum unübersichtlich geworden, können sich die einzelnen in der Kleingruppe orientieren und die ungeklärten Fragen formulieren. Sind im Plenum Machtkämpfe aufgetreten, werden diese erst einmal neutralisiert.

TeilnehmerInnen, die zögern, ihre Überlegungen oder gegensätzlichen Meinungen zu äußern, können diese in der Kleingruppe besprechen und trauen sich dann im Plenum ihren Standpunkt zu vertreten.

Die Leitung löst die Murmelrunden nach ca. fünf bis acht Minuten auf. Das Plenum bildet sich neu. Die Leitung sammelt die Ergebnisse aus den Murmelrunden ein und strukturiert sie. Kommt die Gruppe zu einem einheitlichen Ergebnis, kann die Leitung den nächsten Schritt einleiten.

Kommt kein einheitliches Ergebnis zustande oder ergeben sich neue Aspekte des Problems, werden erneut Murmelrunden zu einzelnen, enger begrenzten Fragen gebildet.

Anwendungsbereich: - Bei festgefahrenen Situationen im Plenum
                     - Bei Spannungen in der Gruppe

- Bei Unruhe, deren Ursache nicht festzustel-
  len ist
- Innerhalb einer Konferenzphase
- Im Lernprozeß, der allen die Gelegenheit
  gibt, sich zu dem momentanen Lerngegen-
  stand zu äußern.

Ziel:

Die Gruppe wieder arbeitsfähig zu machen,
Störungen, Spannungen und Konflikte heraus-
zuarbeiten, Lernergebnisse zu sichern, offene
Fragen herauszuarbeiten.

Beziehungsebene:

Kleingruppen, in denen sich alle frei äußern
können, jede(r) ist gleichberechtigt.

Inhaltsebene:

Die Thematik ergibt sich aus der jeweils vor-
ausgehenden Plenumsrunde.

Regelebene:

Für die TeilnehmerInnen:
Freie Aussprache in Kleingruppen zu den eigenen Empfindungen, Meinungen und Bedürf-
nissen, Lernergebnissen und offenen Fragen.
Jede(r) oder eine(r) aus der Kleingruppe berichtet im Plenum.

Für die Leitung:
Leitung erkennt, wann eine Murmelrunde an-
gezeigt ist, leitet sie ein, formuliert die Fragen
und wertet die Kleingruppenarbeit im Plenum
aus.
Sie läßt keine Diskussion zu, ob das Plenum
in Murmelrunden aufgelöst wird, sondern fordert einfach auf, sich mit den Nachbarn zu besprechen.

Den richtigen Abstand finden

Sinn und Zweck dieser Übung ist es, räumlich das Verhältnis zwischen
zwei Personen darzustellen.
Die TeilnehmerInnen stehen sich gegenüber.
Durch entsprechende Fragen der Seminarleitung kann die empfundene
Nähe und Distanz in bezug auf bestimmte Themen deutlich gemacht
werden.
Fragen können sein:
- Wieviel Nähe wünsche ich mir von dir?
- Wieviel Raum wünsche ich mir in der Abeit von dir?
- Welche Distanz brauchst du zwischen uns beiden, wenn ich dir von
  meinen Problemen erzähle?

Die TeilnehmerInnen bewegen sich, je nach Empfindung, aufeinander
zu oder voneinander weg.
Die Leitung hält die Akteure gut im Blick und wertet die Erfahrungen
der Partner mit der Übung aus. Dazu fragt sie jede(n) der beiden, wie
es ihr/ihm in den verschiedenen Situationen ergangen ist.
In einem weiteren Schritt können Wünsche formuliert oder neue Lösungen miteinander erprobt werden.

Anwendungsbereich: - In der Teamberatung
                                     - Bei Anfragen an Beziehungen
                                     - Bei Partnerschaftsproblemen
                                     - In Konflikten

Ziel: Sich über die zwischenmenschliche Beziehung
                                 klarer werden, eigene Bedürfnisse und die der

Partner in Bezug auf Distanz und Nähe erfahren.

Beziehungsebene: Partnerübung, in der „die Beziehung" Thema ist.

Inhaltsebene: Abklärung von Beziehungen.

Regelebene: Für die TeilnehmerInnen:
Sie bewegen sich nach ihrem Gefühl auf die Fragen, die die Leitung formuliert.

Für die Leitung:
Die Leitung achtet darauf, daß sich die Einzelnen langsam bewegen und sich Zeit lassen, „zu spüren" wie es ihnen in Bezug auf Distanz und Nähe geht.
Will einer der Partner mehr Nähe als der andere zugesteht, sorgt die Leitung dafür, daß der Wunsch nach Abstand respektiert wird.

Varinate: Die Übung kann eingesetzt werden, wenn z.B. zwei Untergruppen, Abteilungen oder Untergruppen eines Teams Nähe und Distanz innerhalb einer Gruppe ausprobieren möchten.

Malen nach Musik

Das Malen nach Musik ermöglicht den Zugang zu inneren Bildern und Stimmungen. Das Malen, eine Tätigkeit, die Erwachsene nicht mehr so selbstverständlich und frei ausüben wie Kinder, kann neue Zugangswege zur eigenen Persönlichkeit erschließen.
Für die Übung kann zu einem Musikstück ohne inhaltliche Vorgabe gemalt werden.
Es gibt jedoch auch die Möglichkeit, inhaltliche Vorgaben zu machen, z.B. Stimmungen, Beziehungen, Ängste oder aber auch die eigene Entwicklung, den Lebensweg darzustellen.
Es ist wichtig, daß die Leitung die Befürchtungen der TeilnehmerInnen aufgreift und darauf hinweist, daß es nicht auf die Malqualität ankommt, sondern auf das, was ausgesagt werden soll.
Zur Durchführung sollten genügend Zeit, Raum und entsprechende Malutensilien vorhanden sein.
Es ist auch möglich, daß jede(r) für sein/ihr Bild einen Titel oder ein Thema findet.
Nach einer Phase, in der jede(r) ruhig an ihrem/seinem Bild malt, sollte ein Austausch in Kleingruppen (evtl. zu vorgegebenen Fragen) und anschließend im Plenum stattfinden.

Anwendungsbereich:	In Gruppen, in denen nicht nur kognitiv gearbeitet werden soll, in denen die persönliche Entwicklung Thema ist.
Ziel:	Bildnerische Auseinandersetzung mit persönlichen Themen.
Beziehungsebene:	Einzelarbeit, die durch den Austausch mit an-

55

deren befruchtet wird.

Inhaltsebene:	Malen nach Musik zu persönlichen Themen.

Regelebene:

Für die TeilnehmerInnen:
Malen, ohne sich zu unterhalten.

Für die Leitung:
Der Zeitrahmen wird durch die Musik bestimmt. Die Leitung erklärt das Ziel der Übung und nimmt die Vorbehalte der TeilnehmerInnen ernst. Sie wertet die Übung mit den TeilnehmerInnen aus.

Leiten und Begleiten

Die Übung "Leiten und Begleiten" bietet sich für Gruppen an, in denen prozeßhaft gearbeitet wird und in denen sich die TeilnehmerInnen mit ihren individuellen Möglichkeiten auseinandersetzen wollen.

Für die Übung werden Paare gebildet. Jeder der Partner übernimmt im Verlauf der Übung nacheinander die Rolle des Führenden und im Wechsel des Geführten.

Die Paare einigen sich zu Beginn darauf, wer zuerst führen möchte.

Nun schließt derjenige, der geführt werden will, die Augen und läßt sich von seinem Partner ca. acht Minuten durch die nähere Umgebung führen. Während der Übung sollten die Partner nicht miteinander reden. Ohne Sprache kann der Führende seinen Partner Dinge ertasten oder andere Erfahrungen machen lassen.

Nach der abgesprochenen Zeit werden die Rollen gewechselt. Der Geführte übernimmt jetzt die Führung, der Führende läßt sich führen.

Nach dieser zweiten Einheit wird den Paaren Zeit gegeben, ihre Erfahrungen auszutauschen, die sie während der Übung gemacht haben.

Im Plenum können anschließend die Erfahrungen aller TeilnehmerInnen gesammelt und ausgewertet werden. Es sind folgende Auswertungsfragen möglich:

- Wie habe ich mich in der Rolle des Führenden und in der des Geführten gefühlt?
- Was war für mich in der jeweiligen Rolle leicht und was war schwierig?
- Wie decken sich meine Erfahrungen in der Übung mit meinem üblichen Verhalten?

Anwendungsbereich: Einzusetzen in einer Gruppe, die schon zusammen gearbeitet hat, und in der schon eine Vertrauensgrundlage besteht.

Ziel:

Erkennen von persönlichen Qualitäten und
Schwächen mit dem Ziel, sich selbst besser
kennen zu lernen.

Beziehungsebene:

Paarübung mit intensiver Erlebnisstruktur
und zwischenmenschlicher Nähe.

Inhaltsebene:

Erfahren von individuellen Möglichkeiten und
Grenzen.

Regelebene:

Für die TeilnehmerInnen:
Acht Minuten führen, acht Minuten geführt
werden, ohne sich verbal zu verständigen.

Für die Kursleitung:
Die Teilnehmer brauchen Raum und Zeit für
die Übung und den anschließenden persönlich-
en Austausch.
Im Plenum sollte der Austausch nach den
Regeln des Rundgespräches verlaufen.

P 6

Einstieg	● Prozeß	Bewegung	✓ Individuell
Ausstieg	Lernen	✓ Entspannung	Gruppe

„Nährende" Übung

Die Übung bietet sich für Gruppen an, die intensiv miteinander arbeiten wollen.

In der Übung kann jede(r) einzelne TeilnehmerIn Erfahrungen mit sich selbst machen, aber auch ein Bewußtsein für andere Menschen entwickeln. Setzt man die Übung am Abend eines Arbeitstages ein, so kann sie auch eine entspannende Wirkung haben und den Teilnehmer-Innen neue Kraft geben. Eine besondere Atmosphäre entsteht, wenn das Licht gedämpft wird und Kerzen angezündet werden.

Für die Übung wird die Gruppe geteilt. Jede(r) TeilnehmerIn der ersten Gruppe, sucht sich einen Platz im Raum, an dem er/sie sich wohl fühlt.

Anleitung:

"Finden Sie für sich einen Platz im Raum, an dem Sie sich wohlfühlen und nehmen Sie dort eine für Sie bequeme Lage ein. Atmen Sie ruhig und entspannen Sie sich."

Nach einiger Zeit, wenn jede(r) seinen Platz und seine Lage gefunden hat, wird der zweiten Gruppe die Anweisung gegeben, durch den Raum zu gehen und sich einem der Liegenden zu nähern.

Anleitung:

"Bleiben Sie dort stehen, schauen Sie Ihre(n) PartnerIn an und versuchen Sie zu spüren, welche kleine Berührung ihr/ihm im Moment gut tun könnte. Führen Sie die Berührung aus."

Nach einer gewissen Zeit:

"Wenn Sie meinen, es reicht aus, verabschieden Sie sich innerlich von ihr/ihm und suchen sich eine(n) neue(n) PartnerIn."

Hat jede(r) der Liegenden von jedem Gebenden etwas bekommen, geben sie folgende Anweisung:

"Die, die gegeben haben, verabschieden sich nun von ihrer Rolle."

Ist dies geschehen:

"Die Liegenden spüren noch einmal nach: Wie geht es mir jetzt? Wie ging es mir mit den verschiedenen Berührungen?
Und nach einer Pause:
"Nun kommen Sie langsam wieder in den Raum zurück und stehen auf."
Die Gruppen wechseln, und die Übung wird mit vertauschten Rollen wiederholt.
Anschließend wird die Übung im Rundgespräch ausgewertet.
Mögliche Fragen können sein:
- Wie habe ich die Berührungen erlebt?
- Wie ging es mir in der Rolle des Gebenden und des Nehmenden?
- Was ist mir aufgefallen?

Anwedungsbereich:	In einer Gruppe, in der schon eine vertraute Atmosphäre herrscht, persönliche Erfahrungen machen.
Ziel:	Sensibilisierung der Selbstwahrnehmung und und der Wahrnehmung der Bedürfnisse anderer Menschen.
Beziehungsebene:	Intensive emotionale Beziehung zwischen den Gruppenmitgliedern.
Inhaltsebene:	Auseinandersetzung mit der eigenen Wahrnehmung in Bezug auf den Umgang mit "Geben und Nehmen".
Regelebene:	Für die TeilnehmerInnen: Während der Übung sich nicht verbal äußern, den Anleitungen der Leitung folgen.
	Für Leitung: Für Zeit und Ruhe sorgen. Bei der Anleitung:

die Gruppenmitglieder im Blick halten und auf
das Tempo der Gruppe abstimmen.
Übung im Rundgespräch auswerten.

Prozeßorientiertes Bibelgespräch

Um einen Arbeitstag gut abschließen zu können, bietet sich besonders bei prozeßorientierten Seminaren das gemeinsame Lesen von Bibeltexten an.

Die Gruppe muß sich nicht zu einem religiösen Thema getroffen haben. Die Texte kann man nach dem Zufallsprinzip wählen oder man kann die aktuellen Tagesevangelien aufgreifen, die in vielen kirchlichen Büchern zu finden sind.

Jemand aus der Gruppe liest den ausgewählten Text zunächst einmal vor. Der Text kann dann herumgereicht werden und jeder liest einen Satz (evtl. kann man den Text auch für jeden kopieren).

Nach einem Moment der Besinnung (Individualphase) wird der Text in Kleingruppen besprochen. Die TeilnehmerInnen sollten dazu angeleitet werden, den Text auf ihre persönliche Situation zu beziehen, damit keine theologischen Grundsatzdiskussionen geführt werden.

Hilfreich sind z.B. folgende Fragen:

- Wie hat der Text auf mich gewirkt?
- Bei welcher Passage, bei welchem Wort bin ich hängengeblieben?
- Was hat der Text mit mir und meinem Leben zu tun?
- Welchen Bezug sehe ich zwischen dem Text und dem heutigen Tag?
- Welche Perspektiven erschließt mir dieser Text?

Nach dem Gespräch in den Kleingruppen kann sich jeder Teilnehmer, jede Teilnehmerin im Plenum zu dem äußern, was für ihn/sie wichtig ist.

Anwendungsbereich: Zum Abschluß eines Tages in einem mehr-
                       tägigen Seminar.

Ziel:	Reflexion der eigenen Person im Kontext zur Gruppe mit Hilfe eines Textes.
Beziehungsebene:	Einzelarbeit, die durch den gemeinsamen Austausch zu einer Gruppenerfahrung wird.
Inhaltsebene:	Auseinandersetzung mit Bibeltexten in Bezug auf die eigene Lebenssituation
Regelebene:	Für die TeilnehmerInnen: Reden über sich selbst, das individuelle Erleben.

Für die Leitung:
Einhalten der Regeln des Rundgespäches - verbalisieren, offene Fragen stellen, darauf achten, daß dieTeilnehmerInnen von sich reden, daß Aussagen nicht bewertet werden.

Einzelbild - Einzeldia Übung

Bilder oder Dias werden zu den sogenannten "offenen Medien" gezählt, da sie dem Betrachter Raum für eigene Assoziationen, Erinnerungen und Erfahrungen geben.

Innerhalb eines prozeßorientierten Kurses ist es wichtig, daß die TeilnehmerInnen Sensibilität entwickeln und ihre Empfindungen artikulieren, um besser miteinander arbeiten zu können. Der Einsatz eines Einzeldias oder eines Einzelbildes kann dies anregen.

Die Leitung sucht ein Musikstück aus (Musik der Romantik eignet sich gut, rhythmusbetonte Stücke jedoch nicht). Die Gruppe erhält nun den Auftrag, aus einer Zahl von Dias/Bildern eines oder mehrere auszusuchen, die zu der Musik passen. Während die Musik läuft, schauen die TeilnehmerInnen die Dias/Bilder durch. Nach einiger Zeit ergeben sich Gespräche zwischen den einzelnen Gruppenmitgliedern. Aus diesen Zweier-Dreiergesprächen kann sich langsam ein Gruppengespräch entwicklen, in dem dann die Entscheidung fällt. Es ist möglich, daß die Gruppe sich ein Bild auswählt, das den Erfahrungen oder ihrer Stimmung entspricht oder daß einzelne ein Bild aussuchen. Im ersten Fall wird das Zusammenwachsen der Gruppe vertieft. Im zweiten Fall werden individuelle Aspekte herausgearbeitet. Während dieser Phase der Übung kann es zu Konflikten der TeilnehmerInnen untereinander kommen, da gegensätzliche Meinungen aufeinandertreffen. Die Leitung sollte die Gruppe während des Aussuchens alleine lassen, damit die TeilnehmerInnen sich aufeinander beziehen und sich nicht an der Leitung orientieren. Ist eine Auswahl erfolgt, so wird diese im Plenum vorgestellt und unter folgenden Fragen ausgewertet:

- Warum haben wir dieses Bild ausgewählt?
- Wie kam in unserer Gruppe die Entscheidung zustande?
- Wie habe ich mich während der Übung in der Gruppe gefühlt?

Wird die Übung am Beginn eines Kurses eingesetzt, fördert sie das gegenseitige Sich-Kennenlernen und baut Beziehungen in der Gruppe auf. Die Gruppenbildung kann forciert werden, wenn die Leitung darauf drängt, daß die Gruppe sich auf ein Bild einigt.

Während die Übung in der Eingangsphase höhere Sensibilität und gegenseitiges Aufeinandereingehen bewirkt, hat sie in der Machtkampfphase eine ganz andere Wirkung.

Sie bringt latente Konflikte auf den Tisch und verlangt eine sorgfältige Auswertung, damit die Konflikte nicht verschärft werden.

Anwendungsbereich:	In prozeßorientierten Kursen zum Aufbau und zur Strukturierung von Gruppenprozessen.
Ziel:	Erhöhung der Sensibilität, Einstimmung auf die Gruppe. Auseinandersetzung mit Ansichten und Eindrücken anderer TeilnehmerInnen. In der Machtkampfphase Aufdeckung latenter Konflikte.
Beziehungsebene:	Sensibilität füreinander entwickeln. Eigene Ziele, Wünsche formulieren können, sie in Beziehung zu anderen setzen und sich mit gegensätzlichen Meinungen auseinandersetzen. Kooperation einüben bzw. sich Konflikten stellen.
Inhaltsebene:	Verdeutlichung des Gruppenprozesses. Herausarbeiten der Gefühle und Stimmungen der einzelnen TeilnehmerInnen und ihrer Rolle innerhalb der Gruppe.
Regelebene:	Für die TeilnehmerInnen: Sich auf ein oder wenige Bilder einigen. Mit anderen abklären, welches Bild am besten zur

Musik paßt.

Für die Leitung:
Eine Gruppe sollte nicht mehr als sechs bis
acht TeilnehmerInnen haben. Bei größeren
Gruppen empfiehlt sich die Aufteilung in Un-
tergruppen.
Beide Gruppen erhalten jeweils andere Dias,
jedoch die gleiche Musik.
Die Bilder/Dias sollten auf verschiedene Art
interpretiert werden können und verschiedene
Stimmungslagen wiedergeben. Mehr als 40
Dias sollten nicht eingesetzt werden, da die
Übung sonst zu lange dauern würde.
Im Anschluß an die Übung: Verbalisieren der
Beiträge, darauf achten, daß die Teilnehmer-
Innen über ihre eigenen Empfindungen spre-
chen. Aufgetretene Konflikte thematisieren
und moderieren.

Rückmeldeübung

Im Laufe, bzw. gegen Ende eines prozeßorientierten Seminars kann es
für die TeilnehmerInnen wichtig werden, etwas über die eigene Wirkung auf die anderen Gruppenmitglieder zu erfahren. Die eigene
Wirkung zu kennen ist besonders für die TeilnehmerInnen wichtig, die
selbst Kurse oder Seminare leiten oder eine Leitungsfunktion in einer
Institution ausüben.

Für jeden Menschen ist es zudem wichtig, selbst gute Rückmeldungen
auf andere Menschen geben zu können, das heißt: ohne verletzend zu
sein, ehrlich Stellung zu beziehen. Dazu ist es wichtig, sich selbst
kritisch zu hinterfragen, wie der andere auf eine(n) wirkt und dies so
ausdrücken zu können, daß der andere das Gesagte annehmen kann.

Bei einer Gruppe, die schon länger zusammen ist, bietet sich als
Methode eine Art "Marktplatz" an, auf dem sich die TeilnehmerInnen
treffen und austauschen können. Alle TeilnehmerInnen bewegen sich
frei im Raum und wählen eine(n) GesprächspartnerIn. Haben sich zwei
TeilnehmerInnen gefunden, suchen sie sich gemeinsam einen "ruhigen"
Platz im Raum.

Einer der beiden beginnt nun mit seiner Rückmeldung.

Dabei empfehlen sich folgende Fragestellungen:

- Was ist für mich hilfreich an deinem Verhalten?
- Was ist für mich schwierig an deinem Verhalten?

Die Fragen erlauben eine subjektive Aussage. Sind die Aussagen in
Ich-Form formuliert, wirkt eine kritische Aussage nicht verletzend.

Da jeder Rückmeldungen von allen bekommt, kann jeder selbst ent-
scheiden, was er von dem Gesagten annehmen möchte und was nicht.

Der, der die Rückmeldung erhält, sollte in Ruhe zuhören. Er kann
nachfragen, wenn ihm etwas unklar ist oder wenn ihm Informationen

fehlen. Er sollte sich jedoch nicht rechtfertigen, keine Erklärungen abgeben und in keine Diskussion einsteigen.

Nachdem die Rückmeldung beendet ist und keine Fragen mehr offen sind, werden die Rollen getauscht. Derjenige, der vorher die Rückmeldung gegeben hat, erhält nun die seines Gesprächspartners.

Ist auch diese Rückmeldung abgeschlossen, begeben sich beide wieder auf den "Marktplatz" und suchen sich einen neuen Partner.

Die Übung ist dann beendet, wenn jeder von jedem eine Rückmeldung erhalten hat und selbst an jeden eine gegeben hat.

Die Leitung sollte sich an dieser Übung beteiligen, da sie bei den TeilnehmerInnen eine besondere Rolle einnimmt und ihr "Urteil" auch gehört werden möchte. Die Leitung selbst hat zudem hier eine gute Möglichkeit, eine Rückmeldung auf ihre eigene Wirkung im Kurs zu erhalten.

Zum Abschluß der Übung bietet sich noch ein Rundgespräch an, in dem die Übung ausgewertet wird und in dem evtl. Verletzungen und Unstimmigkeiten geklärt werden können. Hier sind folgende Fragen möglich:
- Wie habe ich die Übung erlebt?
- Habe ich die Rückmeldungen annehmen können?
- Wie war es für mich selbst, Rückmeldungen zu geben?
- Was ist noch offen für mich?

Anwendungsbereich:	Gegen Ende eines intensiven und prozeß-orientierten Seminars, in Leitungstrainings.
Ziel:	Die eigene Wirkung auf die verschiedenen Gruppenmitglieder erfahren und Kritik äußern lernen, ohne zu verletzen.
Beziehungsebene:	Intensive Auseinandersetzung mit den eigenen Anteilen und den Anteilen der anderen Gruppenmitglieder.
Inhaltsebene:	Rückmeldungen auf andere geben und selbst Rückmeldungen erhalten

Regelebene:

Für die TeilnehmerInnen:
Ich-Aussagen, nicht diskutieren.

Für die Leitung:
Beteiligt sich an der Übung, achtet darauf,
daß alle sich Rückmeldungen geben können
und Rückmeldung erhalten.

Gruppenskulptur bauen

Bei einem prozeßorientierten Kurs kann es zu einem bestimmten Zeitpunkt gut sein, die momentane Gruppensituation zu betrachten.
Eine Methode dafür ist das gemeinsame Aufstellen einer Skulptur, die die Beziehungen in der Gruppe darstellt.
Nachdem die Kursleitung der Gruppe den Sinn der Übung transparent gemacht hat, bittet sie die TeilnehmerInnen, sich jeweils einen Platz im Raum zu suchen, an dem sie sich wohl fühlen, und eine Haltung einzunehmen, die ihrer momentanen Stimmung, ihren Empfindungen gegenüber der Gruppe entspricht.
Die Kursleitung wartet, bis jeder seine Position gefunden und nachgespürt hat, ob die Abstände zu den anderen stimmen. Nun gibt sie die Anweisung, daß sich jeder im Raum umsehen und Blickkontakt mit den anderen Guppenmitgliedern aufnehmen soll. In einem nächsten Schritt fordert sie nun alle auf, sich so zu den anderen in Beziehung zu stellen, wie es ihrem Empfinden entspricht. Hier kann es zu verschiedenen Positionswechseln kommen, bis jeder seinen Platz gefunden hat.
Wenn die Kursleitung sieht, daß alle ihren Ort in der Skulptur gefunden haben, gibt sie noch einmal Zeit nachzuspüren, ob jeder mit seinem Platz zufrieden ist.
Ist dies der Fall, kann sie den Auftrag geben, daß jedes Gruppenmitglied einen Satz sagt, wie es sich innerhalb der Gruppenskulptur fühlt, z.B. "Ich bin Gabi und ich fühle mich ganz eingezwängt zwischen all den Personen." oder "Ich bin Jürgen und ich kann keinem in die Augen sehen, so wie ich hier stehe."
Die Kursleitung gibt die Anweisung, den Satz und das Gefühl festzuhalten. Hier werden in der Regel die Gruppenstruktur und die Beziehungen in der Gruppe deutlich.

70

Man kann die Übung hier beenden und im Rundgespräch jedem die Möglichkeit geben, seine eigenen Empfindungen in Bezug zur Gruppe und zur Gruppensituation zu äußern.

Es ist nach dieser Runde möglich, die Skulptur noch einmal zu stellen und durch eine Bewegung, die jeder machen kann, das Bild zu verändern. So können z.B. Gruppenmitglieder, die sich aus der Gruppe ausgeschlossen fühlten, wieder symbolisch integriert werden.

Es können auch neue Kontakte und neue Beziehungsstrukturen erprobt werden.

Zum Abschluß sollte die Übung wieder ausgewertet werden.

Anwendungsbereich: In Situationen, in denen es wichtig ist, die Gruppe in ihrer Gesamtheit und die Position der einzelnen Mitglieder innerhalb der Gruppe transparent zu machen.

Ziel: Bewußtmachung der Beziehungsstruktur in der Gruppe, und Reflexion der individuellen Position der einzelnen Gruppenmitglieder.

Beziehungsebene: Wahrnehmung der eigenen Position in der Gruppe.

Inhaltsebene: Symbolische Darstellung des individuellen Erlebens der Gruppensituation.

Regelebene: Für die Leitung:
Sorgsame Auswertung und Aufarbeitung der Übung, damit jeder mehr in den Gruppenprozeß integriert ist.
Deutlich gewordene Konflikte bearbeiten.

Positive Rückmeldung an den Gesprächspartner

Die TeilnehmerInnen sitzen für diese Übung im Kreis, möglichst zum Abschluß einer Einheit, eines Tages. Jeder sagt reihum seinem Nachbarn, was ihm an ihm gefallen hat oder was der Nachbar gut gemacht hat.
Kritik darf nicht geäußert werden.
Ist die Runde beendet, können sich die TeilnehmerInnen in Kleingruppen darüber austauschen, wie es ihnen damit gegangen ist, gelobt zu werden und selbst zu loben.
Im Plenum sollen die TeilnehmerInnen die Möglichkeit haben, ihre unterschiedlichen Empfindungen allen mitzuteilen.

Anwendungsbereich: Nach einer Lerneinheit, zum Tagesabschluß, wenn ein ruhiges Arbeitsklima ohne Konflikte vorherrscht.

Ziel: Lob aussprechen und selbst Lob erhalten - Erleben reflektieren.

Beziehungsebene: Intensive Gruppenübung, in der die positiven Gefühle der TeilnehmerInnen zum Ausdruck kommen.

Inhaltsebene: Erfahren, wie die einzelnen TeilnehmerInnen mit positiven Rückmeldungen umgehen. Selbst positive Rückmeldungen geben.

Regelebene: Für die TeilnehmerInnen:

Nur positive Rückmeldungen geben.

Für die Leitung:
Nur positive Rückmeldungen zulassen.
Übung im Rundgespräch auswerten.

P 12

Einstieg	●Prozeß	Bewegung	✓Individuell
Ausstieg	✓Lernen	Entspannung	✓Gruppe

Sharing

Sharing ist eine Übung aus dem Psychodrama und bedeutet soviel wie „Teilen". Sie kann eingesetzt werden, nachdem sich in einer bestimmten Gruppensituation oder in einem Rollenspiel ein(e) TeilnehmerIn persönlich sehr eingebracht hat, z.B. eine Begebenheit aus der eigenen Lebensgeschichte erzählt hat. Die übrigen Gruppenmitglieder werden gebeten mitzuteilen, ob sie ähnliche Erlebnisse hatten oder aus welchen Situationen sie ähnliche Gefühle kennen. Dadurch fühlen sich die TeilnehmerInnen, die sich emotional ausgesetzt haben, nicht isoliert, und der Gruppe wird ermöglicht, einen persönlichen Bezug zum aktuellen Geschehen herzustellen. So wird eine gemeinsame Ebene in der Gruppe geschaffen.

Anwendungsbereich: Nachdem sich einzelne TeilnehmerInnen intensiv und emotional mit einem persönlichen Thema auseinandergesetzt haben.

Ziel: Alle Gruppenmitglieder werden in das Geschehen integriert, es wird eine gemeinsame Ebene geschaffen.

Beziehungsebene: Beim Sharing werden alle TeilnehmerInnen angeregt, sich emotional mit einer bestimmten Thematik auseinanderzusetzen. Der Gruppenprozeß wird gefördert, indem durch das Teilen gemeinsamer Erfahrungen Solidarität und Verständnis gefördert werden.

Inhaltsebene:	Die Inhalte ergeben sich aus der jeweiligen Thematik eines Rollenspiels oder eines Konfliktes.
Regelebene:	Für die Leitung: Das Sharing wird von der Kursleitung mit einer Frage eingeleitet. Sie kann z.B. lauten: - Welche ähnliche Situation kenne ich aus meinem eigenen Erleben und welche Gefühle verbinde ich damit? - Was kenne ich von dem eben Gehörten aus eigener Erfahrung und wie ging es mir damit? Das Sharing wird nach den Regeln des Rundgespräches geleitet. Die Kursleitung achtet darauf, daß die Beiträge nicht bewertet werden und sich alle TeilnehmerInnen äußern können.

Processing

Am Ende eines Seminarabschnittes oder eines Kurses kann das „Processing" zur Reflexion und zur Auswertung eingesetzt werden. Mit Hilfe dieser Übung können die TeilnehmerInnen die erfolgten Arbeitsschritte individuell nacherleben und besprechen. Die Leitung bringt nochmals die einzelnen Gruppenphasen, die Kurs- oder Tageseinheiten in Erinnerung. Diese können nun in Form eines „Weges" auf dem Boden mit Hilfe von Symbolen dargestellt werden. Zu jedem einzelnen Abschnitt, zu jeder einzelnen Gruppenphase erhalten die TeilnehmerInnen den Auftrag, ein Symbol aus dem Raum zu suchen, das mit dem individuellen Erleben während dieser Phase in Verbindung gebracht wird. Die Symbole können innerhalb eines markierten Raumes auf den Boden gelegt werden. Die Markierungen können aus großen Papierbögen (Flipchart), aus zusammengerollten Decken oder mit Kreide gezeichneten Strichen bestehen.

Sind alle Symbole abgelegt worden, wird die nächste Phase oder Einheit dargestellt, bis der gesamte „Prozeß" des Tages oder der Kurswoche mit Symbolen sichtbar gemacht worden ist.

Anschließend können die TeilnehmerInnen an den einzelnen Abschnitten entlanggehen, um noch einmal den Kursverlauf in den Blick zu nehmen. Hier ist es z.B. interessant anzuschauen, welche Symbole nebeneinander stehen, welche sich wiederholen oder ob eine Art „Roter Faden" erkennbar wird.

Nun stellen die TeilnehmerInnen ihre Symbole vor und teilen ihre Eindrücke der Gruppe mit.

Die Kursleitung faßt das Gesagte zum Ende der Runde nochmals zusammen, um den Seminarabschnitt, den Tag oder den Kurs zu schließen.

Anwendungsbereich:	Auswertung eines Tages, eines Kurses.
Ziel:	Individuelle Reflexionsmöglichkeit der einzelnen Arbeitsschritte. Visualisieren des Prozesses.
Beziehungsebene:	Einzelarbeit mit anschließender Plenumsrunde. Stellt das gemeinsame Erleben in den Mittelpunkt.
Inhaltsebene:	Das Nacherleben und Festhalten der einzelnen Phasen oder Einheiten wird anhand von Symbolen dargestellt.
Regelebene:	Für die Leitung: Die Leitung beschreibt am Anfang der Übung kurz die einzelnen Arbeitsschritte eines Tages oder Kurses. Sie achtet darauf, daß jeder(e) TeilnehmerIn ein Symbol abgelegt hat, bevor die nächste Phase dargestellt wird. Die Leitung wertet die Übung nach den Regeln des Rundgespräches aus und faßt die Beiträge am Schluß zusammen.

P 14

Einstig	● Prozeß	Bewegung	✓ Individuell
Ausstieg	Lernen	✓ Entspannung	Gruppe

Meine Lebensgeschichte

In dieser Übung geht es darum, sich die persönliche Lebensgeschichte
zu vergegenwärtigen, die Phasen des eigenen Lebens in einem Bild darzustellen und sich anschließend mit anderen darüber auszutauschen.
Die Übung kann nicht in einer sich ganz fremden Gruppe eingesetzt
werden.
Materialien für die TeilnehmerInnen: Malblock und Buntstifte.

Anwendungsbereich: Die Übung bezieht sich auf das individuelle
Leben der TeilnehmerInnen und kann in einem
Kurs ihren Platz finden, in dem es um Le-
bensfragen sowie, um persönliche Perspektiven und Entwicklung geht, oder in dem die
TeilnehmerInnen mehr von sich erzählen und
über das Leben der anderen erfahren wollen.

Ziel: Teilen von Lebenserfahrungen, erkennen von
Parallelen im Leben anderer, Beziehungen
untereinander intensivieren und gegenseitiges
Verständnis ermöglichen.

Beziehungsebene: Wenn sich TeilnehmerInnen auf diese Übung
einlassen, ermöglicht sie ein emotional dichtes
Klima. Jede/r in der Gruppe kann vom anderen viel erfahren, auch über die schwierigen
Seiten ihres oder seines Lebens. Es entsteht
häufig Solidarität mit den anderen und ein
Gefühl von Nähe.

Regelebene:	Für die TeilnehmerInnen: Motivation, sich der eigenen Lebensgeschichte zuzuwenden und mit anderen in der Gruppe zu teilen. Zeitvorgabe für das Malen des Bildes ca. 30 Minuten. Abschließendes Rundgespräch im Plenum. Für die Leitung Die Leitung achtet darauf, daß diese Übung organisch im Kursablauf plaziert ist. Wenn die TeilnehmerInnen sich gegenseitig ihre Lebensgeschichte mit Hilfe ihres Bildes erzählen, ist es wichtig, daß die Leitung keine Diskussionen oder Bewertungen zuläßt. Die TeilnehmerInnen können Verständnisfragen stellen. Die Leitung kann diese Übung mitmachen und ist dann Teil der Gruppe.
Varianten:	Diese Übung ist vielfältig zu variieren. Sie kann der Auswertung eines längerfristigen Kurses dienen, Fragestellung: "Wie war mein Weg durch dieses Seminar?" Sie kann genutzt werden, um bestimmte kritische Situationen festzuhalten, in die der/die Einzelne immer wieder geraten. Sie kann eingesetzt werden, um den eigenen Platz in einer Gruppe darzustellen oder die momentane Befindlichkeit in der Gruppe aus-zudrücken.

Feedback mit Gegenständen und Symbolen

In dieser Übung geht es darum, daß Gegenstände oder Symbole gefunden werden, in denen sich das persönliche Erleben der anderen SeminarteilnehmerInnen widerspiegelt.

In einer festgesetzten Zeit (je nach Gruppengröße 90-120 Minuten) haben alle TeilnehmerInnen die Möglichkeit, in der näheren Umgebung (wenn möglich auch in der Natur) für jedes andere Gruppenmitglied einen oder zwei Gegenstände zu finden, die durch ihre symbolische Aussagekraft etwas darüber aussagen, wie der/die andere, wahrgenommen wurde und welche Rückmeldungen man durch den Gegenstand, das Symbol geben wollte.

Zur vereinbarten Zeit treffen sich alle mit den Gegenständen und Symbolen im Plenum.

Hier beginnt nun eine(r) ein ausgewähltes Symbol an das betreffende Gruppenmitglied zu verschenken. Dabei teilt er dem anderen mit, warum er dieses Symbol für ihn ausgewählt hat.

Die Übung dauert so lange, bis jeder jedem sein Symbol überreicht hat.

Wenn viel Zeit zur Verfügung steht, können die Rückmeldungen im Plenum gegeben werden, so daß alle mithören, was ein Gruppenmitglied von jedem einzelnen rückgemeldet bekommt.

Steht wenig Zeit zur Verfügung, können die Rückmeldungen auf einer Art „Marktplatz" erfolgen, so daß jeweils zwei zusammenkommen.

Anwendungsbereich: In Gruppen, die sich schon länger kennen, in denen eine vertraute Atmosphäre besteht und in denen momentan keine größeren Konflikte liegen.
Im Gegensatz zu anderen Feedback- Methoden ist diese Übung „weicher".

Ziel:	Rückmeldungen der eigenen Wirkung auf die anderen Gruppenmitglieder erhalten. Auseinandersetzung mit dem Erleben der anderen, bezogen auf die eigenen Person.
Inhaltsebene:	Persönliche Rückmeldung für alle SeminarteilnehmerInnen.
Beziehungsebene:	Intensive und persönliche Auseinandersetzung mit allen TeilnehmerInnen der Gruppe. Emotional sehr dicht.
Regelebene:	Für die TeilnehmerInnen: Formulierung der Rückmeldungen in Ich-Aussagen, z.B.: „Ich habe für dich ... gefunden, weil das ausdrückt, daß du ... .“

Für die Leitung:
Genügend Zeit einplanen, die Übung erfordert Zeit und Ruhe.
Die Leitung achtet auf Einhaltung der Ich-Aussagen.
Die Leitung nimmt an der Übung teil.

Tagesreporter

In Kursen können Lern- und Gruppenprozesse mit Hilfe der Tages-
reporter beobachtet und ausgewertet werden. In Fortbildungen für
Kurs- und Seminarleitungen kann die Übung genutzt werden, um das
Beobachtungsvermögen zu schulen. Zugleich wird durch den Bericht
der Tagesreporter eine Prozeßanalyse für die Seminargruppe ermög-
licht.
Für die Übung werden an jedem Kurstag zwei Beobachter bestimmt.
Diese erhalten Beobachtungsaufgaben wie z.B.:

Inhaltsaspekt
- Welche Themen oder Aufgaben waren vorgesehen und vereinbart?
- Welche Themen wurden tatsächlich bearbeitet?
- Wurden die Aufgaben zu Ende geführt?
- Was wurde gelernt?
- Welche Fragen sind noch offen?

Regelaspekt
- Wie wurde eine Vereinbarung über die Arbeitsziele herbeigeführt?
- Welche Arbeitsformen wurden gewählt?
- Waren die Arbeitsaufgaben verständlich formuliert?
- War die Aufteilung: Gruppenarbeit - Plenum ausgewogen?
- Was müßte bei den nächsten Arbeitseinheiten geändert werden?

Beziehungsaspekt
- Wie kann die Zusammenarbeit, das Arbeitsklima beschrieben
  werden?
  > in den Kleingruppen?
  > im Plenum?

- Was lief gut?
- Wo gab es Störungen?
- Wie wurden die Störungen bearbeitet?
- Welche Probleme oder Konflikte müssen besprochen werden?

Die Tagesreporter stellen in der Abendeinheit ihren Bericht vom Tag vor. Die restlichen Gruppenmitglieder ergänzen noch fehlende Aspekte. Die Ergebnisse der Analyse müssen von der Kursleitung in die nächsten Lernschritte einbezogen werden.

Anwendungsbereich:	Mehrtägige Seminare, in denen der Gruppenprozeß Thema ist und in denen die TeilnehmerInnen für die Wahrnehmung von Gruppenprozessen sensibilisiert werden sollen.
Ziel:	Lern- und Gruppenprozesse beobachten können.
Beziehungsebene:	Die Beobachter haben Distanz zur Gruppe, während des Berichtens stehen sie der Gruppe gegenüber.
Inhaltsebene:	Beobachten und Formulieren von Gruppen- und Lernprozessen
Regelebene:	Für die TeilnehmerInnen: Den Tag mit Hilfe der vorgegebenen Fragen reflektieren und der Gruppe vorstellen. Die Gruppe ergänzt die Beobachtungen. Für die Leitung: Sie gibt Fragen vor, achtet auf Raum für den Bericht der Tagesreporter und die Rückmeldung der anderen TeilnehmerInnen. Sie bezieht die Ergebnisse in die weitere Kursplanung ein.

Prozeßanalyse

Die Prozeßanalyse ist eine Übung, mit deren Hilfe der Lern- und Gruppenprozeß dargestellt werden kann
Diese Reflexionsphase muß von der Kursleitung für die SeminarteilnehmerInnen klar vom Lern- und Gruppenprozeß getrennt werden.
Um Lern- und Gruppenprozesse transparent zu machen, füllt jeder Teilnehmer, jede Teilnehmerin Skalen zu bestimmten Vorgaben aus.
Die TeilnehmerInnen ordnen jeder Frage durch Ankreuzen in Form einer Note einen Wert zu.
Folgende Aussagen und andere können vorgegeben werden.

- Ich habe heute meine Vorstellungen in den Kurs einbringen können.

- Die Themen haben mich interessiert.

- Ich sehe Anwendungsbereiche für das Gelernte.

- Ich konnte heute effektiv lernen.

- Das Klima im Kurs war heute ...

- Die Kursleitung war für den Lernprozeß hilfreich.

Die Werte der einzelnen Bögen werden zusammengezählt und durch die Zahl der KursteilnehmerInnen dividiert. Bei mehrtägigen Seminaren können die Werte von jedem Tag auf einer Wandzeitung nebeneinander gesammelt werden, so daß sich für das Seminar ein Kurvenverlauf ergibt, an dem der Gruppenprozeß verfolgt werden kann.
Folgende Werte können eingetragen werden:

- Mittelwert: Summe aller Werte dividiert durch die Zahl der Bögen.
- Extremwert: Der höchste und niedrigste angekreuzte Wert.
(Ein Auswertungsbogen mit Skala zum Kopieren befindet sich im Anhang des Buches).

Anwendungsbereich: Am Ende von Seminaren oder in der jeweiligen Reflexionsphase, wenn der Kursablauf, der Gruppenprozeß und das Trainerverhalten in den Blick genommen werden sollen.

Ziel: Reflexion der einzelnen Kursabschitte, bzw. Kurstage. Transparenz über den Verlauf des gesamten Kurses.

Beziehungsebene: Einzelarbeit.

Inhaltsebene: Auswertung und Visualisierung der individuellen Einschätzung des Seminarverlaufs.

Regelebene: Für die TeilnehmerInnen:
Jeder füllt für sich ihren/seinen Bogen aus, ohne die eigene Einschätzung mit der der anderen abzugleichen.

Für die Leitung:
Trennt Reflexionsphase eindeutig vom laufenden Gruppenprozeß, gibt Fragebögen aus und sichert die Anonymität der Auswertung, macht den Kursverlauf mit seinen verschiedenen Aspekten transparent.

Mein zweites Gesicht
Übung mit Masken und anderen Accessiores

Auf den Tischen liegen verschiedene Materialien aus, mit denen die TeilnehmerInnen sich verkleiden können. Schals, Federn, Gesichtsmasken, Gesichtsbrillen, Farben, etc..

1.) Die TeilnehmerInnen werden instruiert, sich eine Maske zu wählen, die ihrem Empfinden nach zu ihnen paßt, mit der Fragestellung:
„Was sagt diese Maske über mich in der Gruppe aus?"
Sie wählen Utensilien für ihre Maske und tauschen sich dann in Dreiergruppen aus.
Anschließend teilt jede/r im Plenum mit, wie es ihm/ihr in ihrer/seiner Maske geht und wie sie sich darin erleben.

2.) Die TeilnehmerInnen nehmen die Masken ab, erhalten einen kleinen Spiegel, in dem sie ihr Gesicht nochmals intensiv anschauen können. Ein Impuls kann sein:
„In welcher Verbindung steht die Maske zu meinem Gesicht?"
Nach einer kurzen Betrachtungszeit kann sich jeder im Rundgespräch dazu äußern.
Diese Phase wird mit einem Blitzlicht abgeschlossen:
„Wie geht es mir mit meinem Gesicht und meiner Maske?"

3.) Die TeilnehmerInnen können jetzt Rückmeldungen aus der Gruppe anfragen:
„Wie erlebt ihr mein Gesicht und meine Maske?"
Die TeilnehmerInnen geben in Ich-Aussagen ihr Feedback.
Diese Rückfragen ermöglichen, Eigenwahrnehmung und Fremdwahrnehmung zu überprüfen.

Diese Phase wird abgeschlossen mit den Fragen:
„Was ist mir deutlich geworden?"
„Wie geht es mir mit den Rückmeldungen?"

Anwendungsbereiche:	Diese Übung kann in einer Gruppe eingesetzt werden, in der sich die TeilnehmerInnen schon gut kennen und miteinander vertraut sind, sich mit ihrer Wirkung auseinandersetzen und von den anderen TeilnehmerInnen Feedback wollen. In Leitungstrainings kann diese Übung speziell auf die Wirkung als Leitung bezogen werden.
Ziel:	Diese Übung ermöglicht die Auseinandersetzung mit der eigenen Wirkung und die Überprüfung der Selbst- und Fremdwahrnehmung.
Beziehungsebene:	Die Übung ist zunächst individuell aufgebaut, bezieht jedoch zunehmend die anderen in der Gruppe ein. Eine vertraute Beziehungsebene ist erforderlich.
Regelebene:	Für die TeilnehmerInnen: - Jede/r erzählt von sich und seiner Wahrnehmung, - Rückmeldung an andere in Ich-Aussagen. Für die Leitung: Sie achtet darauf, daß jede/r über sich selbst spricht, in der Rückmelderunde keine Bewertungen und Urteile ausgesprochen werden und daß jede Phase gut ausgewertet wird. Da diese Übung intensiv ist und einzelne auch

mit Betroffenheit reagieren können, ist besondere Sorgfalt geboten.

Auch muß genügend Zeit eingeräumt werden,
damit eventuelle Betroffenheiten einzelner
noch aufgearbeitet werden können.

4. Themen- und Lernorientierte Übungen

Neben Übungen, die die Beziehungsebenen und den Gruppenprozeß aufbauen und strukturieren, können mit themenorientierten Übungen Inhalte bearbeitet werden.

Das heißt jedoch nicht, daß der Einsatz und das Gelingen von Übungen mit eher "sachbezogenen Lernzielen" unabhängig von dem Gruppenprozeß und der Lernbereitschaft der TeilnehmerInnen ist.

Bei Einleitung, Durchführung und Auswertung sind der/die einzelne KursteilnehmerIn sowie die gesamte Lerngruppe im Blick zu halten.

Grundsätzlich kann man sagen, daß themenbezogene Übungen dann ihren größten Lernerfolg haben, wenn die Gruppe ihre Konfliktphase bereits bearbeitet hat.

Folgende themenbezogene Übungen werden wir vorstellen:

L 1   Metaplantechnik / Wandzeitung
L 2   Lexikonmethode
L 3   Synektik
L 4   Planspiel
L 5   Selektive Wahrnehmung
L 6   Nachrichtenkette
L 7   Nachrichtenaufbau - die „sechs W′s"
L 8   Rollenspiel

Metaplantechnik / Wandzeitung

Mit einer Wandzeitung und mit der Metaplantechnik können Ergebnisse von Einzel-, Kleingruppen- und Gruppenarbeit visualisiert und strukturiert werden.

Die Methode hat den Vorteil, daß die Ideen und Vorschläge aller TeilnehmerInnen berücksichtigt werden - keine Idee geht verloren und alle sind beteiligt.

Wandzeitung:
Alle Arbeitsergebnisse werden auf ein großes Blatt geschrieben. Wird in Kleingruppen gearbeitet, schreibt jede Gruppe ihre Ergebnisse auf ein separates Blatt. Im Plenum hängt jede Gruppe ihr Blatt für alle sichtbar auf.

Metaplantechnik:
Jeder einzelne Punkt, jede Idee wird auf einen einzelnen Zettel geschrieben. Dabei ist darauf zu achten, daß jede(r) TeilnehmerIn ihre/seine Zettel selbst schreibt. Die Zettel werden dann einzeln auf ein großes Blatt geklebt, bzw. gepinnt. Das hat den Vorteil, daß die Zettel umgehängt werden können, um sie evtl. nach Schwerpunkten zu sortieren.

Wichtig ist, daß mit so dicken Stiften geschrieben wird, daß die Zettel im Plenum aufgehängt und gelesen werden können.

Anwendungsbereich:
- Erwartungsabklärung: jede(r) formuliert seine Wünsche und Erwartungen an ein Seminar.
- Ideenfindung: jede(r) schreibt ihre/seine Ideen auf.
- Synektik (s.S. 95): jede(r) schreibt ihre/seine Beispiele auf.

- Konferenz: jeder Punkt wird notiert.
- ....

Ziel: Visualisierung und Struktuierung von Einzel- und Gruppenarbeit.

Beziehungsebene: Einzelarbeit, die betont, daß jede(r) wichtig ist.
Gemeinsam wird an der Strukturierung der Zettel gearbeitet.
Kleingruppen können ihre Vorschläge, Ideen und Arbeitsergebnisse ebenfalls auf Zettel notieren.

Inhaltsebene: Erwartungen, Ideen, Meinungen aufschreiben und für alle sichtbar darstellen und strukturieren.

Regelebene: Für die TeilnehmerInnen:
Jede(r) formuliert ihre/seine Punkte für sich.

Für die Leitung:
Informiert alle TeilnehmerInnen über die Fragestellung. Sorgt dafür, daß genügend dicke Stifte und bei der Metaplantechnik genügend Zettel (ca.1/3 einer Din a 4 Seite) bereit liegen.
Die Kursleitung organisiert das Einsammeln der Zettel und die Strukturierung der Überschriften an der Wand, denen die Zettel zugeordnet werden können.

Lexikonmethode

Die Lexikonmethode ermöglicht, das vorhandene Wissen der Teilneh-merInnen zu aktivieren und zusammenzutragen oder eine Problem-stellung zu differenzieren.

Die Leitung kann durch diese Methode den unterschiedlichen Wissens-stand der TeilnehmerInnen erkennen und auf ein Niveau bringen.

Es werden Kleingruppen gebildet, eine jede hat die Aufgabe, einen Un-terbegriff des Hauptthemas zu beschreiben.

Im Plenum werden die Begriffsbeschreibungen vorgestellt, Fragen dazu geklärt und fehlende Informationen ergänzt.

Die Kursleitung faßt die Beiträge zusammen und strukturiert das Vor-wissen der TeilnehmerInnen.

Anwendungsbereich: Zur Erarbeitung eines Themas, einer Problem-stellung.

Ziel: In der Teilnehmergruppe das vorhandene Wis-sen aktivieren und dieses Wissen strukturie-ren.

Beziehungsebene: Jede(r) wird mit seinem Wissen ernst genom-men und lernt durch die anderen.

Inhaltsebene: Themen, über die man etwas wissen kann, die Inhalte des Seminars bzw. eines Seminarab-schnittes sind.

Regelebene:

Für die TeilnehmerInnen:
Zusammentragen von Wissensaspekten durch
die Formulierung einer Begriffsbeschreibung,
d.h. Verfassen eines „Lexikonartikels".
Anschließendes Vorstellen der Beschreibung
im Plenum.

Für die Leitung:
Die Leitung gibt die Begriffe vor, strukturiert
die Ergebnisse der Kleingruppenarbeit, ergänzt noch fehlende Informationen.
Sie achtet darauf, daß die Kleingruppen nur
ein bis zwei Sätze formulieren.

Synektik

Synektik ist eine Methode für Gruppen, mit der in einem kreativen Prozeß in mehreren Schritten durch gezielte Assoziationen eine Problemlösung erarbeitet wird.

Die Gruppe sollte aus mehr als drei TeilnehmerInnen bestehen, damit genügend Ideen zusammen kommen. Für die Synektik sollten mindestens zwei Stunden Zeit eingeplant werden. Ab einer Gruppenstärke von zehn TeilnehmerInnen muß in zwei Untergruppen zur gleichen Problemstellung gearbeitet werden.

Voraussetzung ist, daß allen das Problem wichtig und lösenswert erscheint.

Synektik ist keine Methode, die auf Anhieb zu einer Lösung eines Problems verhilft. Im Verlauf entsteht vielmehr eine eigene Dynamik, die kreative Lösungen entstehen läßt.

Kreative Prozesse haben häufig auch Phasen des Nichtstuns, der Inkubationszeit. Es empfiehlt sich daher, am Abend zu beginnen, um die Nacht als Pause zu nutzen, in der ein kreativer Prozeß (unbewußt) stattfinden kann. Am nächsten Morgen kann dann weitergearbeitet werden.

Im Unterschied zum Brainstorming werden nicht einfach Ideen produziert, sondern es wird in fünf Schritten ein Ideenfindungprozeß durchlaufen. Einzelarbeit und Plenum wechseln dabei.

Ablauf:
1. Problemformulierung:
   Jede(r) formuliert das Problem aus ihrer/seiner Sicht.
   Beispiele:
   - Wie können Informationen in unserer Einrichtung besser laufen?
   - Wie soll der Slogan für eine Aktion lauten?

- Wie kann der Ablauf für ... verbessert werden?
- Welche Lösung findet sich für ein technisches Problem?

2. Beispiele aus der Natur:
   Zu dem Problem sucht jede(r) in Einzelarbeit Beispiele aus der Natur, wie dort das Problem gelöst wird.
   Beispiele der Informationsweitergabe:
   Bienentanz, Gesang der Vögel, Duftmarken von Tieren u.a.

3. Beispiele aus der Technik:
   Die Naturbeispiele werden jetzt von jeder/m TeilnehmerIn in Beispiele aus der Technik umgesetzt. Dabei wird das Problem aus dem Auge verloren und es werden zu den Beispielen aus der Natur Vergleiche aus der Technik gesucht.
   Beispiel:
   Für den Vogelgesang - Verkehrsfunk im Radio.

4. Sich hineinversetzen, Identifikation:
   Die TeilnehmerInnen versetzen sich jetzt in die handelnden Tiere bzw. in die sich bewegende Maschinen oder in die ausgestrahlten Wellen und schreiben auf, wie sie sich als „tanzende Biene" oder als „Welle des Verkehrsfunks" fühlen.
   Beispiel:
   Tanzende Biene - aktiv, beschwingt ...
   Welle des Verkehrsfunks - frei, gerichtet ...

5. Anwendung der gefundenen Bilder auf das Problem:
   Seit dem dritten Schritt war das Problem nicht mehr im Blick. Nun steht eine Fülle von Bildern, Assoziationen und Eindrücken zur Verfügung. Diese werden jetzt einzeln mit dem Problem in Verbindung gebracht und daraufhin abgeklopft, ob sie eine Lösung für das Problem beinhalten.
   Das Beispiel „Verkehrsfunk" führt zu der Idee:
   Die Kommunikationsprozesse im Haus müssen besser durchstrukturiert werden. Feste Termine für die Informationsweitergabe müssen vereinbart werden.

Zur Vorgehensweise der jeweiligen Einzelschritte:
Jede(r) schreibt jeden Schritt, jede Idee auf einen Zettel, ohne sich darüber mit den anderen TeilnehmerInnen auszutauschen. Nach jedem Schritt werden alle Zettel vorgelesen und auf eine große Wand gehängt.
Die Zettel werden nicht diskutiert. Nachfragen sind jedoch möglich.
Zum Schluß hängen viele Zettel mit vielen Ideen und Eindrücken für alle sichtbar.
Die Problemlösungen werden zum Schluß diskutiert und die beste wird ausgewählt. Evtl. kommen in der Schlußdiskussion noch neue Ideen auf.
Wird keine Lösung akzeptiert, kann die Gruppe die Schritte noch einmal durchgehen. Es empfiehlt sich dann, die Problemstellung noch einmal konkreter zu formulieren, so daß Beispiele gefunden werden, die das Problem besser treffen.

Anwendungsbereich:	- Bei Problemen technischer Art - Bei Kommunikationsproblemen - Für die Entwicklung eines Slogans - Bei der Entwicklung von Geschichten
Ziel:	Bei Problemen in verschiedenen Bereichen, wenn einfallsreiche Lösungen gefunden werden sollen.
Beziehungsebene:	Methode für Gruppen, wobei jede(r) einzelne mit ihren/seinen Ideen zur Problemlösung beiträgt.
Inhaltsebene:	Problemlösung durch die Anregung eines kreativen Prozesses.
Regelebene:	Für die TeilnehmerInnen: Jede(r) schreibt ihre/seine Ideen auf.

Für die Leitung:
Gibt Anleitung für die einzelnen Schritte, achtet darauf, daß alle Ideen wertfrei stehen bleiben, damit sich alle TeilnehmerInnen trauen, ihre Ideen einzubringen,
Moderiert den Ideenfindungsprozeß.

L 4

Einstieg	✓Prozeß	Bewegung	Individuell
Ausstieg	●Lernen	Entspannung	✓Gruppe

Planspiel

Mit Hilfe des Planspieles können Abläufe wie z.b. die Durchführung einer Werbekampagne, die Herstellung einer Zeitung, die Vorbereitung eines Gemeindefestes, die Entscheidung eines Gemeinderates simuliert werden.

Das Planspiel wird von der Kursleitung gezielt als Lernmethode eingesetzt.

Sie gibt vor, welches Ziel erreicht werden soll und wer an dem Projekt beteiligt ist.

Das Planspiel muß in seinen Aufgabenstellungen für die einzelnen Rollen schriftlich ausgearbeitet sein.

In einem ersten Schritt werden Rollen verteilt. Dabei sollten die Rollen mehrfach besetzt sein, z.b. stellen vier einzelne Spieler, Mitglieder eine Bürgerinitiative dar, weitere vier eine Partei usw. In den Gruppen, die eine Partei, das Lehrerkollegium spielen, sollten nicht mehr als acht Personen sein, sonst dauern die Entscheidungsprozesse zu lange. Jeder Gruppe kann zusätzlich ein Beobachter zugeordnet werden.

In einem zweiten Schritt erhalten die Spieler bzw. die Spielgruppen schriftlich formulierte Aufgaben. Sie erhalten jedoch keine Anweisungen, wie sie sich verhalten sollen. Es bleibt den Spielern überlassen, wie sie die Aufgabe ausführen, ob sie einen Konflikt auslösen oder mit anderen kooperieren.

Dann wird noch festgelegt, innerhalb welcher Zeit die Aufgaben erledigt sein müssen. Ein Planspiel kann auch über zwei Tage gespielt werden.

Die Vorgabe von Zeiten ist wichtig, damit das Planspiel einen realitätsnahen Charakter behält.

Nun kann das Planspiel beginnen. Die Interaktion der Rollenspieler bleibt spontan. Der Spielleiter achtet nur darauf, daß die schriftlichen

Aufgaben erfüllt und der vereinbarte Zeitrahmen eingehalten werden. So muß z.B. eine Konferenz zu einem bestimmten Zeitpunkt eine Entscheidung gefällt haben oder die Planung eines Vorhabens abgeschlossen haben. Es können auch Störfaktoren eingebaut werden, die die Erfüllung einer Aufgabe erschweren (ein Teil der Finanzmittel wird gestrichen, die eingeplanten Helfer sind erkrankt usw.) Das Spiel wird dann zum vereinbarten Zeitpunkt beendet, auch wenn die Aufgaben noch nicht gelöst worden sind.

Nun erfolgt in einem dritten Schritt die Auswertung des Planspiels nach den Regeln des Rundgesprächs. Hierzu ist der Erfahrungsaustausch wichtig, damit die Rollenspieler voneinander erfahren, wie die Situation erlebt wurde.

Im einem letzten Schritt wird der Ablauf des Planspiels rekonstruiert. Hier berichten vorrangig die Beobachter unter der Fragestellung:
- Wie kam es zu dem Ergebnis?

Die Ergebnisse werden dann von der Leitung nochmals zusammengefaßt, und einzelne Punkte werden zur Diskussion gestellt.

Anwendungsbereich:	Das Planspiel kann in Gruppen angewendet werden, die den Ablauf eines gemeinsamen Projektes durchspielen und anlaysieren möchten, bzw. die sich auf ein Projekt, eine Verhandlung vorbereiten möchten und, um Einsicht in organisatorische Prozesse und politische Entscheidungen zu vermitteln.
Ziel:	Analyse von Arbeitsprozessen in einer Gruppe.
Beziehungsebene:	Durch das Durchspielen von Projekten und Entscheidungsabläufen können die TeilnehmerInnen Kooperation wie auch Interessengegensätze kennenlernen

Inhaltsebene:	Die TeilnehmerInnen können eine Strategie entwickeln, um ein gemeinsames Ziel zu erreichen. Sie können erproben, wie die einzelnen Arbeitsschritte angeordnet sein sollten, wie Entscheidungen ablaufen, was es zu berücksichtigen gilt, welche Aufgaben delegiert werden können... Mit Hilfe des Planspiels können die TeilnehmerInnen erfahren, welche Arbeitsweisen und Kooperationsstrategien effektiv bzw. uneffektiv waren, um das vorgegebene Ziel zu erreichen.
Regelebene:	Für die TeilnehmerInnen: Die TeilnehmerInnen müssen die Zeitvorgaben einhalten und in ihrer Rolle bleiben. Sie können das Spiel nicht unterbrechen, um Verhalten und Strategien zu reflektieren. Die Ausgestaltung der Rolle bleibt den TeilnehmerInnen selbst überlassen.

Für die Leitung:
Die Leitung arbeitet die Aufgabensstellung schriftlich aus, sie achtet darauf, daß die Zeitvorgaben von den jeweiligen Gruppen eingehalten werden. Während des Planspiels kann sie weitere Spielanweisungen geben, die den Realitätscharakter des Spiels erhöhen.
Die Auswertung erfolgt nach den Regeln des Rundgespräches. Es ist wichtig, daß mit dem Erfahrungsaustausch begonnen wird, damit die TeilnehmerInnen voneinander erfahren, wie jede(r) die Situation während des Spiels erlebt hat.
In einer zweiten Runde können dann die einzelnen Schritte des Planspiels rekonstruiert und analysiert werden. Dabei ist es wichtig

herauszuarbeiten, wie die Ergebnisse zustandegekommen sind.

Selektive Wahrnehmung

Mit dieser Übung kann deutlich gemacht werden, daß die menschliche
Wahrnehmung durch subjektive Faktoren gesteuert wird.
Für die Übung schreibt die Kursleitung 20 oder mehr Schlagzeilen auf.
Neben aktuellen politischen Themen sollten auch Unglücksmeldungen,
Sportsensationen, Klatsch über Stars und Meldungen aus dem Lokal-
bereich sowie Meldungen, die die Kursteilnehmer betreffen, aufgenom-
men werden.
Es ist z.B. möglich, eine(n) SeminarteilnehmerIn mit einer Meldung zu
erwähnen, z.B. "Jürgen Müller ist gewählt".
Die Folie wird abgedeckt, es wird jeweils nur die Schlagzeile
freigegeben, die der Kursleiter vorliest.
Sind alle Schlagzeilen vorgelesen und wieder verdeckt, schreibt jede(r)
TeilnehmerIn so viele Schlagzeilen auf, wie er/sie behalten hat.
In der Auswertung wird für jede Schlagzeile festgehalten, wie oft sie
von den TeilnehmerInnen aufgeschrieben wurde. Es kommt dabei nicht
auf den genauen Wortlaut an, sondern auf die sinngemäße Wiedergabe.
Die Häufigkeitsverteilungen werden verglichen.
Dabei ergeben sich u.a. folgende Faktoren für das Behalten einer
Schlagzeile:
- Bezug zum Tagesgeschehen
- Persönliche Betroffenheit
- Räumliche Nähe
- Klatsch
- Position der Meldung am Anfang oder am Ende der Liste

Anwendungsbereich:	Medienpädagogischer Bereich, Formulierung von Überschriften in der Öffentlichkeits-arbeit.
Ziel:	Die Übung soll deutlich machen, wie Über-schriften und Schlagzeilen auf die Leser wir-ken, daß die Wahrnehmung subjektiv gesteu-ert wird.
Beziehungsebene:	Einzelübung, die in der Gruppe ausgewertet wird und ihren Reiz durch verschiedene, bzw. gleiche Wahrnehmungen bekommt.
Inhaltsebene:	Erkennen von Faktoren, die die subjektive Wahrnehmung beeinflussen.
Regelebene:	Für die TeilnehmerInnen: jede(r) schreibt die Schlagzeilen auf, die er/sie behalten hat. Für die Leitung: Sie weist darauf hin, daß die Übung kein Test, kein Wettbebewerb ist.

Nachrichtenkette

Diese Übung soll deutlich machen, wie störanfällig die Informationsübermittlung ist.

Etwa acht bis zehn Personen nehmen an der Übung teil, die übrigen beobachten den Ablauf.

Die Weiterleitung einer Information über mehrere Stationen wird in folgender Weise simuliert:

Der ersten Person wird eine Nachricht (aus der Zeitung) vorgelesen, während die anderen Mitspieler außerhalb des Raumes warten. Ist die Nachricht vorgelesen, kommt die nächste Person in den Raum.

Der Erste gibt an diese aus dem Gedächtnis die Nachricht weiter. Der Dritte kommt in den Raum. Ihm erzählt der Zweite das, was er von der Mitteilung des Ersten behalten hat und so fort.

Das Verlesen der Nachricht sowie die Nacherzählungen aller Mitspieler werden auf Tonband mitgeschnitten.

In der Auswertungsphase kann der Tonbandmitschnitt von der gesamten Gruppe angehört werden. Nach dem Anhören kann die Gruppe erarbeiten, wie es zu den Verfälschungen der Nachricht kommen konnte.

Damit Informationen bei der Weitergabe verändert, bzw. sogar in ihr Gegenteil verkehrt werden, muß die Nachricht komplex sein und Wertungen enthalten

Die Einsichten sollten auf verschiedene Informationsketten übertragen werden, z.B.:

- Nachrichtenübermittlung aus fremden Ländern
- Kommunikationsstrukturen in Verbänden und Institutionen
- Gerüchtebildung

Anwendungsbereich:	Einsicht in die Störanfälligkeit der Informationsweitergabe.
Ziel:	Erkennen von Kommunikationsabläufen und der Schwierigkeiten der Informationsweitergabe.
Beziehungsebene:	Wird nicht angesprochen. Übung liegt auf der Sachebene.
Inhaltsebene:	Störanfälligkeit der Nachrichten- und Informationsvermittlung.
Regelebene:	Nach dem Verlesen der Nachricht wiederholen die TeilnehmerInnen nacheinander das, was sie behalten haben und erzählen es dem jeweils nächsten Teilnehmer.

Nachrichtenaufbau - die "sechs W´s"

Um eine Nachricht in die Öffentlichkeit zu bringen, gibt es eine einfache Regel für die Präsentation. Will man z.B. eine Mitteilung im Ge-
meindeblatt über eine Musikveranstaltung oder eine Pressenotiz über
ein Straßenfest veröffentlichen, einen Handzettel oder ein Plakat erstellen, muß man die sechs W´s beantworten.

Wer? - Was? - Wann? - Wo? - Warum? -Wie?

Zur Übung kann eine Zeitungsmeldung kopiert und verteilt werden.
Jeder ordnet eines der W´s einem Satz zu.

Beispiel:
Wer: Die Aktionsgemeinschaft "Autofreier Sonntag"
Was: Lädt zu einer Informationsveranstaltung ein
Wann: Am Sonntag, den 8. August um 10 Uhr
Wo: In der Fußgängerzone am Brunnen
Warum: Information über die Zunahme der Luftverschmutzung
durch Autoabgase
Wie: Es werden mit Meßgeräten die Abgaswerte gemessen

Haben die einzelnen, bzw die Kleingruppen die Nachricht zusammen-
gesetzt, kann die Übung im Plenum ausgewertet werden.
Dabei ist vorrangig darauf zu achten, daß die für die Leser wichtigsten
Informationen an den Anfang gesetzt wurden. Zudem wird überprüft,
ob die sechs W´s zufriedenstellend beantwortet sind.
Um dann selbst eine Zeitungsmeldung zu formulieren, erhält jede/r
sechs kleine Zettel. Auf jedem Zettel wird eine der W-Fragen beantwortet. Die Zettel können dann gegeneinander verschoben werden, so

daß das Wichtigste am Anfang steht und die anderen Zettel entsprechend ihrem Informationswert folgen.

Anwendungsbereich:	Eine Mitteilung, eine Ankündigung, eine Kursausschreibung an die Öffentlichkeit bringen.
Ziel:	Vermittlung der Grundsätze des Informationsaufbaus - selbst einen eigenen Text schreiben können.
Beziehungsebene:	Wird nicht thematisiert, nüchternes Arbeitsklima.
Inhaltsebene:	Wie Informationen und Mitteilungen schriftlich formuliert werden können, so daß sie den Leser interessieren und vollständig informieren.
Regelebene:	Für die TeilnehmerInnen: Die sechs W's beachten. Die Informationen entsprechend ihrer Bedeutung aufbauen. Für die Leitung: Kleingruppenarbeit (alle die gleiche Aufgabe) Auswertung im Plenum.

Rollenspiel

Das Rollenspiel kann in Gruppen eingesetzt werden, in denen die TeilnehmerInnen ihre Angst voreinander abgebaut haben und eine Vertrauensbasis aufgebaut worden ist. Durch das Rollenspiel erhalten die TeilnehmerInnen die Möglichkeit, erlebnisbezogen eine schwierige Situation nachzuvollziehen und für diese neue Handlungsmöglichkeiten zu finden.

Beispiel: Ein Kursleiter hat Schwierigkeiten im Umgang mit TeilnehmerInnen, die die Gesprächsbeiträge anderer immer unterbrechen oder bewerten. Er sucht nach neuen Lösungsmöglichkeiten für dieses Problem. Die schwierige Situation kann im Rollenspiel nachgestellt werden, um mit Hilfe des Feedbacks der Spieler neue Verhaltensmöglichkeiten zu entwickeln.

Das Rollenspiel sollte folgendermaßen aufgebaut sein:

Ein Teilnehmer schildert ein Problem und das Ziel, das er durch das Rollenspiel erreichen möchte. Anschließend wählt er/sie Personen aus der Gruppe, die eine Rolle übernehmen sollen. Gemeinsam mit ihnen kann die zu spielende Situation durchgesprochen werden. Die Leitung sollte vor der Rollenverteilung darauf hinweisen, daß eine Rolle auch abgelehnt werden kann.

Die Zuschauer sollten sich als "Beobachter" verstehen und auf Verhaltensweisen der Akteure achten, die zur Erreichung des Ziels günstig oder ungünstig erscheinen.

Die Beobachter/Zuschauer können einen Halbkreis bilden, der für den Auf- oder Abgang offen ist. Zur "Aufwärmung" stellen die Rollenspieler sich kurz mit ihrer Rolle vor, damit sie einen Einstieg in die Szene finden. Noch besser ist es, wenn der, der mit dem Rollenstpiel etwas klären will, den Raum verläßt. Die Gruppe kann sich dann auf das

Spiel vorbereiten. Wenn der Spieler wieder hereingerufen wird, beginnt das Spiel sofort.

Aufzeichnungen mit Video oder Tonband sollten immer nur im Einverständnis mit den Rollenspielern eingesetzt werden.

Nun kann das Rollenspiel durchgeführt werden. Es sollte nicht länger als ca. 15 Minuten dauern.

Nach dem Rollenspiel folgt die Auswertung. Zuerst erhalten die Spieler die Möglichkeit zu berichten, wie sie sich während der Szene gefühlt haben, wie sie die Beziehung untereinander erlebt haben. Dabei sollte die Darstellung der Szene immer auch als Realität verstanden werden, die ähnliche Empfindungen und Gefühle hervorruft wie die ursprüngliche Situation. Anschließend geben die, die nicht mitgespielt haben, ihre Beobachtungen wieder.

Nun wird sachlich beschrieben, welche Verhaltensweisen im Hinblick auf das angestrebte Ziel als günstig oder ungünstig erlebt wurden.

Nach Abschluß dieser Rückmeldung werden die Rollenspieler gefragt, wie es ihnen mit den Rückmeldungen geht

Im Anschluß daran kann die Hauptperson das Feedback der Gruppe aufgreifen und gemeinsam mit der Gruppe Lösungsvorschläge erarbeiten. Um Lösungsmöglichkeiten auch praktisch auszuprobieren, kann das Rollenspiel wiederholt werden.

Hier sollten jedoch nicht mehr als ein bis zwei neue Aspekte für die Problemlösung ausprobiert werden.

Anwendungsbereich:	Zum Rekonstruieren von schwierigen Situationen, die Teilnehmer aus ihrer Berufspraxis oder aus Familiensituationen mitbringen und für die sie nach neuen Ansätzen suchen. Für Situationen in Kursen, in denen es den TeilnehmernInnen schwer fällt, von der kognitiven zur erlebnisbezogenen Ebene zu wechseln.
Ziel:	Wahrnehmung der Gefühle, Atmosphäre durch Selbsterfahrung. Herausfinden von Ansätzen zu produktiveren Verhaltensweisen.

Beziehungsebene:	Bewußtes Erleben der Beziehungen innerhalb der Gruppe und die Herausarbeitung der Gefühle in Konfliktsituationen.
Inhaltsebene:	Überprüfen und verändern der bestehenden Verhaltensweisen durch bewußtes Nacherleben und Reflektieren einer Problemstellung.
Regelebene:	Für die TeilnehmerInnen: Niemand sollte die "schauspielerischen" Leistungen bewerten, da dies von der Auseinandersetzung mit dem Problem ablenkt. Während des Rollenspiels sollten die Beobachter keine Kommentare abgeben und nicht in das Rollenspiel eingreifen, um die Spieler in ihren Rollen nicht abzulenken. In der Auswertung werden subjektive Eindrücke nicht als Werturteile formuliert. Selbst auf der Erlebnisebene bleiben, nicht theoretisieren. Für die Leitung: Das Rollenspiel nicht als Einstieg in eine Veranstaltung einsetzen. Betonen, daß es nicht auf die schauspielerische Leistung ankommt. Den Nutzen der Übung formulieren. In der Auswertung Wertungen der TeilnehmerInnen nicht zulassen, eigene Wertungen herauslassen und positive Ansätze herausarbeiten. Nicht zulassen, daß Spieler ihr Verhalten erklären, Kommentare der Beobachter unterbinden.
Varianten:	Bringt keiner der TeilnehmerInnen selbst ein Beispiel ein, kann ein schriftlich vorgegebener Fall durchgespielt werden, an dem

exemplarisch gelernt werden kann. Die Rollen
können auf Rollenkarten kurz beschrieben
werden.

Wenn es um das Erlernen einer Methode geht,
kann die Leitung zur Veranschaulichung eine
entsprechende Situation dazu kurz mit einem
Gruppenmitglied vorspielen, (z.B. für die Gesprächsführung). Auch kann es nützlich sein,
im Spiel einmal die Rolle des anderen zu
spielen, um Verständnis für seine Lage zu entwickeln und sein Verhalten zu verstehen.

Im Trainerspiel spielen zwei oder drei Trainer
eine Situation, in der sie typische Fehler
machen (Negativ-Modell). Die Gruppe wertet
das Beispiel aus, indem sie die betreffenden
Verhaltensweisen kritisiert und die positiven
Regeln ableitet. Die Trainer spielen die
Situation noch einmal und halten die erarbei-
teten Regeln ein (Positiv-Modell).

Anschließend gehen die TeilnehmerInnen in
Kleingruppen und üben im Rollenspiel die
Regeln.

5. Übungen für Gesprächstrainings

Es folgen Übungen, die speziell für das Trainieren von verschiedenen Gesprächsformen gedacht sind.
Die Übungen sind als Ergänzung zum weiterbildung live Buch 1, "den Ton treffen - Kompetenz für Gesprächsleitung" gedacht. Dort sind die verschiedenen Gesprächsformen, ihre Einsatzbereiche und die Schritte der Durchführung beschrieben.

Für das Einüben folgender Gesprächsformen werden Übungen beschrieben:

G 1   Kontrollierter Dialog
G 2   Verstärkerspiel
G 3   Rotierende Vierergruppe
G 4   Übungen zur Rhetorik
G 5   Übungen zur Diskussionsleitung
G 6   Übungen zur Konferenzleitung

Kontrollierter Dialog

Die TeilnehmerInnen können mit Hilfe des kontrollierten Dialogs die Fähigkeit üben, einem Gesprächspartner aufmerksam zuzuhören und seine Aussagen sinngemäß wiederzugeben.

Die Übung wird in Dreier- oder Vierergruppen durchgeführt, in denen es jeweils zwei Gesprächspartner und einen oder zwei Beobachter gibt. Die Gesprächspartner unterhalten sich über ein Thema, zu dem sie evtl. auch unterschiedliche Auffassungen haben. Jeder sollte seinen eigenen Standpunkt möglichst deutlich formulieren. Bevor der Partner seinen Beitrag liefert, muß er die gehörte Aussage sinngemäß zusammenfassen und mit eigenen Worten wiedergeben. Der/die BeobachterIn achtet auf die Einhaltung der Gesprächsregeln und/oder auf die nonverbalen Signale, wie Mimik, Gestik, Haltung der Gesprächspartner. Nach Beendigung einer Runde werden die Rollen getauscht.

Für die Durchführung benötigt man einen größeren Raum oder, besser noch, mehrere Räume Die einzelnen Gespräche können nach Absprache auf Tonband aufgenommen werden, um ein präziseres Feedback zu ermöglichen.

Nachdem alle aus der Kleingruppe sowohl ein Gespräch geführt als auch beobachtet haben, findet die Auswertung im Plenum statt:

- Austausch über die subjektiven Erfahrungen:
  Wie wurde das Zuhören und Zusammenfassen erlebt? Welche Gedanken und Gefühle hat diese Übung beim Einzelnen ausgelöst? Wo sind noch Unsicherheiten?
- Zusatzinformationen der Beobachter die Regeln betreffend.
- Einzelauswertungen mit Hilfe der Tonbandaufzeichnungen.

Anwendungsbereich:	Diese Übung eignet sich für alle, die individuelle bzw. persönliche Gespräche führen. Sie bietet sich auch als Einstiegsübung zur Rundgesprächs- oder Diskussionsleitung an.
Ziel:	Gezieltes Zuhören trainieren. Durch die Wiedergabe der Äußerungen des anderen wird zugleich die Sensibilität für die Gefühle der anderen gefördert. Eine Weiterentwicklung der Übung wäre dann das gezielte Eingehen auf die Gefühlsebene.
Beziehungsebene:	Es wird eine Atmosphäre geschaffen, in der sich der Gesprächspartner ernst genommen und verstanden fühlt. Auf dieser Basis können auch persönliche Einstellungen und Probleme mitgeteilt werden.
Inhaltsebene:	Verbesserung des Kommunikationsverhaltens durch bewußtes Zuhören, Strukturierung und Zusammenfassung eines Gesprächsbeitrages.
Regelebene:	Für die TeilnehmerInnen: Jede(r) sollte seinen/ihren Standpunkt möglichst deutlich formulieren. Es sollten nicht mehr als 1-2 Aspekte auf einmal genannt werden. Bevor der eigene Standpunkt geäußert wird, muß der Beitrag des Gesprächspartners mit eigenen Worten wiedergegeben werden. Für den Beobachter: - Sind alle genannten Aspekte zusammengefaßt worden? - Sind alle Aspekte/ Argumente in eigenen Worten genannt worden? - Waren die Zusammenfassungen wertfrei? - War die Körperhaltung zugewandt und gesprächsfördernd?

Für die Leitung:
Die Übung wird im Plenum ausgewertet. Die TeilnehmerInnen berichten über ihre Erfahrungen, die sie während der Übung gemacht haben.

Variante:

Die beiden Gesprächspartner können auch nach der Art eines Interviews vorgehen.
Der eine gibt die Aussage des anderen wieder, der dann seine Überlegungen fortsetzen kann oder auf eine offene Frage des anderen antwortet. Der, der Stellung nimmt, seine Gedanken mitteilt, muß bei dieser Variante nicht wiederholen.

G 2

Einstieg	Prozeß	Bewegung	✓Individuell
Ausstieg	●Lernen	Entspannung	Gruppe

Verstärkerspiel

Der Einsatz des Verstärkerspiels bietet sich für Gruppen an, die verschiedene Gesprächsformen üben wollen, wie z.B. das Interview. Es macht deutlich, wie Verstärkung auf den Gesprächspartner wirkt und sollte deshalb einer theoretischen Darlegung des Zusammenhangs, wie Verhalten verstärkt werden kann, vorausgehen.

In dieser Übung kann die Abhängigkeit des Gesprächspartners vom Verhalten anderer sowohl im verbalen wie auch im nonverbalen Bereich bewußt gemacht werden.

Die Teilnehmer sitzen im Kreis. Es werden zwei Teilnehmer ausgewählt, die aus dem Raum geschickt werden. Nun erhält die Gruppe die Anweisung, beide Teilnehmer nacheinander zum gleichen Thema zu befragen. Das können z.B. Fragen zu den Hobbys oder den Urlaubsvorlieben sein. Jeder aus der Gruppe kann eine Frage stellen. Bei der/ dem ersten TeilnehmerIn zeigen sich alle deutlich interessiert, indem sie z.B. zustimmend nicken, nachfragen, Blickkontakt halten usw.

Danach kommt der/die zweite TeilnehmerIn herein. Hier verhalten sich die Gruppenmitglieder deutlich desinteressiert. Sie führen Nebengespräche, schreiben etwas, schauen im Raum umher oder verhalten sich gelangweilt.

Im Anschluß an die beiden Gesprächsrunden werden die Befragten gebeten, ihre Gefühle und Beobachtungen zu schildern. Hierbei können durch Gegenüberstellung folgende Kriterien herausgearbeitet werden:
- Welches verbale/nonverbale Verhalten hat mich motiviert bzw. gehemmt?
- Welchen Informationsgehalt hatten die jeweiligen Gespräche?

Anwendungsbereich: Diese Übung kann im Rahmen von Gesprächstrainings eingesetzt werden, wenn die TeilnehmerInnen die Wirkung von verstärkenden Verhaltensweisen erfahren sollen.

Ziel:
Bewußtwerden eigener verbaler und nonverbaler Verhaltensweisen und ihrer Wirkung auf den Gesprächspartner. Wirkung von verstärkendem Verhalten verstehen.

Beziehungsebene:
Auseinandersetzung mit der Wirkung des eigenen Verhaltens auf andere. Mit welchen Verhaltensweisen fördere oder hemme ich Gespräche? Was hemmt bzw. fördert mich?

Inhaltsebene:
Wirkung von Verstärkung verstehen. Durch verschiedene Verhaltensweisen Gesprächen eine unterschiedliche Richtung geben.

Regelebene:
Für die TeilnehmerInnen:
Jeder spricht von sich selbst. Reflexion des eigenen verbalen und nonverbalen Verhaltens. Welche Verhaltensweisen anderer hemmen oder fördern mich?

Für die Leitung:
Die Leitung wertet die Übung aus. Hierbei sollte sie zunächst die Gefühlsebene ansprechen und erfragen, welche Gefühle durch welches Verhalten hervorgerufen worden sind. In einem nächsten Schritt kann herausgearbeitet werden, wieviele Informationen in den jeweiligen Gesprächen vermittelt worden sind. Die Leitung muß beachten, daß der/die zweite TeilnehmerIn emotionale Entlastung braucht, da er/sie durch die Mißachtung der Gruppe an seinem/ihren persönlichen Selbstwertgefühl berührt wird und dazu eine Distanz entwickeln muß.

Rotierende Vierergruppen

Es werden Kleingruppen mit je vier Personen gebildet. Jede Kleingruppe erhält den Auftrag, sich zu einem speziellen Thema auszutauschen. Nach ca. 15 vorgegebenen Minuten wechselt je ein Mitglied einer Kleingruppe zur nächsten Gruppe. Das neu hinzugekommene Mitglied wird von den restlichen drei Gruppenmitgliedern über den aktuellen Stand der Gruppe informiert. Dies wird solange wiederholt, bis die Übungszeit von 60 Minuten vorbei ist. Die Übung befähigt Informationen zu erfragen, die nicht durch eigene Beobachtung, sondern nur durch Berichte anderer zu bekommen sind. Offenes Fragen und auch Verbalisieren kann so eingeübt werden.

Anschließend wird der Vorgang im Plenum gemeinsam ausgewertet:

- Was habe ich inhaltlich erfahren?
- Welche Erfahrungen habe ich gemacht?
- Was war hilfreich, um besonders gut informiert zu werden?

Anwendungsbereich: Im Rahmen von Gesprächsführungstrainings. So können TeilnehmerInnen z.B. Rundgesprächs- und Diskussionsleitung trainieren, Gesprächsbeiträge zusammenzufassen und Informationen mit offenen Fragen gewinnen.

Ziel: Informationen erfagen, einen Überblick über den Stand einer Diskussion gewinnen.

Beziehungsebene: Die Abhängigkeit vom Informationsverhalten anderer wird erlebt. Da die Übung viel Kon-

zentration erfordert, aktiviert sie die Arbeitsatmosphäre.

Inhaltsebene:	Integration neuer TeilnehmerInnen. Festhalten und Weitergeben von Arbeitsergebnissen.
Regelebene:	Für die Teilnehmer:

Für die Teilnehmer:
Neue Teilnehmer müssen über den aktuellen
Stand der Gruppe informiert werden. Wechsel
je eines Teilnehmers nach ca. 15. Minuten.
Die Übung endet, wenn alle TeilnehmerInnen
einmal gewechselt haben, bzw. nach 60 Minuten.

Für die Leitung:
Die Übung wird im Plenum nach den Regeln
des Rundgespräches ausgewertet.

Übungen zur Rhetorik

Übung Nr. 1:
Beziehung aufbauen

Ziel ist es, die Befindlichkeit der TeilnehmerInnen anzusprechen und die Ausgangssituation zum Ausdruck zu bringen.
In der Übungsgruppe beschreibt der/die Übende die Situation, in der sich die TeilnehmerInnen befinden, z.B. zu Beginn eines Elternabends, Betriebsjubiläums oder Kurses. Die Gruppe versetzt sich in die Situation der angesprochenen Zielgruppe.
Der/die Übende begrüßt die Gruppe und bringt die momentane Situation der Gruppenmitglieder zum Ausdruck. Dafür stehen maximal eineinhalb Minuten zur Verfügung. Die Rückmeldungen der TeilnehmerInnen beziehen sich darauf, wie es dem/der Redenden gelungen ist, die Befindlichkeit zu Beginn z.B. eines Elternabends, eines Jubiläums u.a. anzusprechen und ob sich die einzelnen persönlich angesprochen fühlten.
Nach der Rückmeldung wird die Begrüßung noch einmal geübt.

Übung Nr. 2:
Ziel formulieren und Weg zur Erreichung des Zieles beschreiben

Der/die Übende nennt das Ziel und beschreibt den Weg, um es zu erreichen. Zudem wird das Team, die Gruppe, die Versammlung genannt, vor der er/sie reden will.
Die Gruppe versetzt sich in die Situation, der/die Übende hat eineinhalb Minuten Zeit, das Ziel und die Schritte dorthin zu erläutern.

120

Die Rückmeldungen sollten auf die Frage antworten, ob die einzelnen motiviert wurden mitzumachen, die Arbeitsschritte in Angriff zu nehmen, sich dem Redner, der Rednerin anzuschließen

Auf grund der Rückmeldungen sollten die Schritte auf dem Weg zur Erreichung des Zieles noch einmal formuliert werden.

Übung Nr. 3:
Dramaturgie üben

Ein Problem wird formuliert, Lösungsvorschläge für das Problem werden vorgestellt und in ihren Vor- und Nachteilen analysiert. Der beste Lösungsvorschlag wird an den Schluß gestellt.

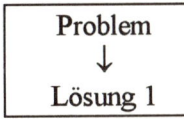

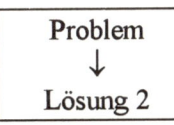

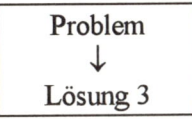

Variante: Inhalte werden anhand von Beispielen erläutert. Zur Vorbereitung der Übung werden Beispiele in Kleingruppen entwickelt. Es wird dann überlegt, in welcher Reihenfolge die Beispiele gebracht werden sollen.

Dann wird die Rede in der Übungsrunde gehalten.

Nach den Rückmeldungen kann die Redeübung noch einmal durchgeführt werden.

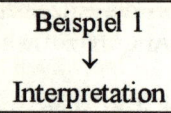

Beispiel 1
↓
Interpretation

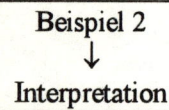

Beispiel 2
↓
Interpretation

Beispiel 3
↓
Interpretation

Übungen zur Diskussionsleitung

Übung Nr.1:
Strukturieren von Gesprächsbeiträgen

Ziel:
Herausarbeitung der Aspekte eines Problems, die man dann als Unterthemen des Problems, der Fragestellung diskutieren kann (siehe: „Den Ton treffen" S.35 ff)
In dieser Übung geht es um das Schwierigste in der Diskussionsleitung, nämlich die verschiedenen Aspekte eines Problems herauszuarbeiten, die dann als Unterthemen einzeln diskutiert werden.
Diskussionen werden schnell unübersichtlich, wenn die Diskutierenden zu jeweils anderen Aspekten Stellung nehmen.

Aufgabe:
Es wird eine Diskussion durchgespielt, die aber abgebrochen wird, wenn jeder seine erste Stellungnahme abgegeben hat und die Leitung die Beiträge so strukturiert hat, daß die Aspekte als Unterthemen unterschieden werden können.

Es handelt sich um folgende drei Schritte:
1. Formulierung des Themas, des Problems durch die Leitung.
2. Jeder Teilnehmer/ jede Teilnehmerin nimmt Stellung.
3. Der Diskussionsleiter strukturiert nach Aspekten.

Die Stukturierung erfolgt mit dieser Formulierung:
"Das Für und Wider (z.B. von Hausaufgaben) ist abhängig von der Art, wie ...
1. der Lehrer die Hausaufgaben einsetzt,

123

2. die Hausaufgaben gestellt sind,
3. ...,
4. ..."

oder:

"Ob man (z.B. in eine Jugendgruppe gehen soll) ist abhängig von ...
1. dem Alter der Kinder,
2. dem Werteprofil eines Jugendverbandes,
3. ..."

Indem die Leitung jeden Beitrag mit eigenen Worten wiedergibt, kann sie erkennen, ob in einem Gesprächsbeitrag ein neuer Aspekt, ein Unterthema angesprochen wurde, oder ob sich der Gesprächsbeitrag auf ein Unterthema bezieht, das bereits genannt wurde. Diese Unterscheidung ist anfangs schwer zu treffen.
Die Übung wird mit einem anderen Thema in der Weise fortgeführt, daß der nächste in der Runde zu einem anderen Thema die Leiterrolle übernimmt, bis jeder mindestens einmal geleitet hat. Da die Übung anstrengend ist, sollte nach spätestens 30 Minuten eine Pause eingelegt werden.

Themenauswahl:
Es können beliebige Themen gewählt werden. Ein besonderes Interesse der GesprächsteilnehmerInnen ist nicht notwendig.

Teilnehmerzahl:
Die Übungsgruppe sollte nicht mehr als fünf bis sechs Personen umfassen, da bei einer größeren Zahl die Gesprächsleitung zu schwierig werden kann.

Übung Nr. 2:
Themen einführen - Themen abschließen

Ziel:
Jedes Unterthema gründlich durcharbeiten. Neues Unterthema markieren, indem das vorhergehende Unterthema abgeschlossen und das nächste eingeführt wird.

Aufgabe:
Die Übung knüpft an die Übung Nr. 1 an, es werden die Themen dieser Übung aufgegriffen.
1. Unterthemen wiederholen.
2. Eines der Unterthemen zur Diskussion stellen.
3. Zusammenfassung der Argumente zu dem Unterthema.
4. Einführung des nächsten Unterthemas.

Nacheinander übernimmt jeder einmal die Leiterrolle, damit der Abschluß eines Unterthemas und der Übergang zum nächsten geübt werden kann.

Teilnehmerzahl:
Es kann dieselbe Gruppe wie bei Übung Nr. 1 wieder zusammenarbeiten. Werden neue Gruppen zusammengestellt, kann die Teilnehmerzahl etwas höher liegen als in der ersten Übung, da es jetzt darum geht, möglichst viele Argumente zu formulieren, ehe ein Unterthema abgeschlossen wird. Da nicht jeder Argumente zu einem beliebigen Thema finden kann, muß nicht jede(r) zu jedem Thema etwas beitragen.

Übung Nr. 3:
In einer Diskussion einen (fremden) Standpunkt vertreten

Ziel:
Erfahrungen machen, wie ein bestimmter Standpunkt, der nach außen vertreten werden muß, das eigene Diskussionsverhalten beeinflußt.

Aufgabe:
Zu einem kontroversen Thema werden verschiedene Standpunkte definiert. Die TeilnehmerInnen sollten jeweils einen Standpunkt vertreten, den sie selbst nicht teilen. So kann jede(r) an sich beobachten, wie Standpunkte im Verlauf der Diskussion das eigene Gesprächsverhalten beeinflussen. In der Regel identifiziert man sich mit einer Meinung in dem Moment, wo man sie gegenüber anderen verteidigen muß.

Themenauswahl:
Es sollten solche Probleme aufgegriffen werden, die in der Öffentlichkeit diskutiert werden. Das erleichtert es dem Einzelnen, auch fremde Standpunkte zu vertreten.

Gesprächsleitung:
Für die Übung muß ein Gesprächsleiter gewählt werden.

Übung Nr. 4:
Partnerzentriert diskutieren

Ziel:
Lernen, auf die Meinungen und Argumente der Diskussionspartner intensiver einzugehen.

Aufgabe:
Ein Thema, das alle TeilnehmerInnen interessiert, wird eingeführt. Im Uhrzeigersinn kommt jede(r) einmal an die Reihe. Er/sie wiederholt die Aussagen der Person, die zuvor geredet hat und gibt dann die eigene Stellungnahme ab. Hat jede(r) einmal gesprochen, braucht die Reihen-

folge nicht mehr streng eingehalten werden. Jeder Gesprächsbeitrag muß sich jedoch auf einen anderen Beitrag beziehen.

Variante:
Ein Gruppenmitglied wird von den anderen interviewt.
Es wird jeweils die letzte Aussage des Interviewten wiederholt, erst dann ist eine Stellungnahme oder neue Frage erlaubt.

Beispiel:
A: "Für mich ist Aggression eine Frage des elterlichen Erziehungsstils. Die Kinder selbst sind nicht vorgeprägt."
B: "Nach ihrer Meinung ist Aggression nicht angeboren, sondern anerzogen. Kinder werden erst durch ihre Umwelt unruhig und aggressiv gemacht. In diesen Zusammenhang gehört, so glaube ich, daß Kinder sich aggressiver verhalten, wenn ihre Eltern nervös sind."
C: "Nach ihrer Meinung wird Aggression von außen an die Kinder herangetragen. Kinder reagieren sehr sensibel auf ihre Umwelt. Für mich erklärt das aber noch nicht die Tatsache, daß Kinder recht unterschiedlich reagieren, daß z.B. in einer Geschwisterreihe das eine Kind mehr in Streitereien verwickelt ist als das andere."
D: "Wenn ich Sie richtig verstehe, ist Aggression bei Kindern nicht allein durch Erziehung verursacht, denn Geschwister verhalten sich unterschiedlich aggressiv..."

Übungen zur Konferenzleitung

Übung Nr. 1
Lösungsvorschläge entwickeln
(siehe „Den Ton treffen" S. 51ff.)

Ziel:
Gesetzmäßigkeiten der Ideenfindung beobachten und anwenden.
Lernen, in der Brainstormingphase einer Konferenz nicht zu diskutieren.

Vorgehen:
Es wird ein Problem formuliert. Wenn der Konferenzleiter sich überzeugt hat, daß alle das Problem verstanden haben, geht er zum zweiten Schritt über. Es werden Ideen entwickelt. Die Schritte drei und vier, Realitätskontrolle und Entscheidung, werden noch nicht durchgeführt.

Konferenzleitung:
Die Leitung wechselt nach jedem Problem, so daß alle in der Übungsgruppe einmal die Leitungsrolle übernehmen können.

Methode:
Nach der Formulierung des Problems ist eine Einzelarbeit günstig, in der die einzelnen sich mit dem Problem beschäftigen und Ideen entwickeln können.

Analyse der Übung:
Wie schwer, wie leicht fiel es den einzelnen, auf eine Diskussion der Ideen und Lösungsvorschläge anderer zu verzichten?
Wie kreativ war die Gruppe?

Übung Nr. 2:
Beurteilung von Lösungsvorschlägen

Ziel:
Training eines Teilbereichs der Konferenzleitung.

Methode:
Bevor eine Konferenz eine Entscheidung treffen kann, müssen die Lösungsmöglichkeiten gegeneinander abgewogen werden:
1. Ist der Vorschlag realisierbar?
2. Wessen Mithilfe braucht man bei der Realisierung?
3. Wer wird durch die vorgeschlagene Lösung betroffen, evtl. benachteiligt?
4. Ist die Lösung nicht zu aufwendig?
5. Löst der Vorschlag tatsächlich das Problem?

Für einzelne Problemstellungen können weitere spezielle Kriterien in Frage kommen:

Aufgabe:
Aus der Zeitung oder einer Fernsehsendung (z.B. Elternsendung, Magazin, Sozialbericht) wird ein Beispiel ausgewählt, das ein Problem bzw. eine Entscheidung beinhaltet. Oder es wird ein Ergebnis aus der Übung Nr. 1 übernommen.
1. Schritt: Analyse der in dem Beitrag referierten Lösungsvorschläge. Jeder Vorschlag wird auf ein Blatt geschrieben.
2. Schritt: Überprüfung, ob die möglichen Lösungen erfaßt werden.
3. Schritt: Abwägung der Lösungsmöglichkeiten nach den oben aufgeführten fünf Fragen.

Übung Nr. 3:
Struktuieren der Entscheidungsalternativen

Ziel:
Einüben der wichtigen Leitungsaufgaben, Entscheidungsschritte in die richtige Reihenfolge zu bringen.

Methode:
Die Entscheidungsmöglichkeiten werden so geordnet, daß die jeweils umfassendere Alternative vorangestellt wird. Z.B. ist die Alternative "Urlaub im Gebirge" umfassender als die Alternative "Nord- oder Ostsee". Falls man sich für einen Aufenthalt im Gebirge entscheidet, entfällt nämlich die Alternative „Urlaub am Meer". In der Regel sind die Entscheidungsalternativen schwieriger zu beurteilen. Meist bedingt die konkrete Situation die Reihenfolge der Alternativen mit.

Aufgabe:
Für die folgenden Fragestellungen sollen die Entscheidungsalternativen in die richtige Reihenfolge gebracht werden.

a) Autokauf:
   - Gebrauchtwagen - Neuwagen
   - Hubraumgröße: klein - mittel - groß
   - Farbe
   - Personenwagen - Kombifahrzeug
   - Verkaufsmöglichkeiten des Altwagens
   - Verwendung des Autos für Einkäufe, Ausflüge, Ferien, Geschäftsreise

b) Bestrafung eines Schülers:
   - Arrest, Verweis, Verweis von der Schule
   - Pädagogisches Ziel der Strafe
   - Muß ein Exempel statuiert werden?
   - Wer wurde durch das Verhalten des Schülers in Mitleidenschaft gezogen?
   - Wie steht die Klasse zu dem Schüler?
   - Gibt es ein Versagen der Lehrkräfte?

- Gab es bereits ähnliche Vorfälle?

c) Veranstaltung eines Festes:
   - Raumgröße
   - Kosten für Raummiete
   - TeilnehmerInnen, die eingeladen werden sollen
   - Eine fest umschriebene Gruppe oder offene Einladung?
   - Finanzierung der Musikband
   - Erwartete Einnahmen
   - Soll Eintritt verlangt werden?
   - Datum
   - Werbematerial

6. Auflockerungs- und Entspannungsübungen im Kursverlauf

Im Kurs- oder Seminarverlauf ist es sinnvoll, den Teilnehmer/Innen Raum für Entspannung oder Bewegung zu geben, da in den Pausen die Thematik meist weiterbesprochen wird.

Am Morgen, um den Körper zu aktivieren, mittags nach der Pause, um den Kreislauf anzuregen, nach intensiven Arbeitseinheiten, um neue Kraft zu tanken.

Zudem können die Übungen, wenn sie ausgewertet werden, für die individuelle oder gruppendynamische Entwicklung eingesetzt werden.

Bei der Auswertung gelten die Regeln des Rundgesprächs.

Folgende Übungen zur Auflockerung und Entspannung werden beschrieben:

K 1   Übungen mit einem Tuch
K 2   Ballonübung
K 3   Namensspiel mit der Maus
K 4   Marktplatz mit Zeitungsausschnitten
K 5   Partnerübung mit Bierdeckeln
K 6   Papierübung
K 7   Gordischer Knoten
K 8   Aufstellen im Kreis
K 9   Der Fischer wirft das Netz aus
K 10 Atemübung
K 11 Stäbchentanz
K 12 Partnerübung aus dem Tai-Chi

K 1

Einstieg	✓Prozeß	●Bewegung	Individuell
Ausstieg	Lernen	✓Entspannung	✓Gruppe

Übungen mit einem Tuch

Die TeilnehmerInnen bilden einen Kreis und halten mit beiden Händen das Tuch fest. Sie lassen es auf- und abschwingen. Je nach Gruppengröße können zwei oder vier Personen ihren Platz tauschen, indem sie unter dem Tuch durchlaufen.

Mit Softbällen, Tennisbällen oder Luftballons:
Zwei unterschiedliche Bälle (ein schwerer und ein leichter) werden auf das Tuch gelegt. Nun bringen die TeilnehmerInnen das Tuch in Bewegung. Eine Regel kann sein, daß die Bälle nicht aus dem Tuch fallen dürfen. Es können auch verschiedene Teams gebildet werden, die versuchen, den Ball über die Köpfe des anderen Teams auf den Boden fliegen zu lassen.

Als Namensspiel:
Jeder Teilnehmer, zu dem der Ball rollt, nennt kurz seinen Namen.

Als Vertrauensspiel:
Ein(e) TeilnehmerIn legt sich mitten auf das Tuch, die anderen schaukeln oder schwingen sie/ihn hin und her. Am Ende wird der/die TeilnehmerIn wieder vorsichtig auf den Boden heruntergelassen.

Pilzübung:
Die TeilnehmerInnen schwingen das Tuch in die Höhe, so daß es sich voll aufbläht und lassen es los. Dann laufen alle schnell in die Mitte und lassen den Fallschirm auf sich niedergleiten. Dies mehrmals wiederholen.

Variante:
Wenn das Tuch oben ist, setzen sich alle TeilnehmerInnen auf den Rand des Tuches, so daß eine Art Zelt entsteht. Dies gelingt nur wenn alle gleichzeitig reagieren.

Wogendes Meer:
Die TeilnehmerInnen zählen abwechselnd laut 1-2-3- und merken sich "ihre" Zahl. Alle knien sich auf den Boden und schwingen das Tuch in kleinen, schnellen Bewegungen kurz über dem Boden. Auf Zuruf einer der Zahlen gehen die betreffenden TeilnehmerInnen über das Tuch, um ihre Plätze zu tauschen. Die Schwingbewegungen können dann größer werden, so daß hohe Wellen entstehen. Dadurch wird eine Orientierung für die TeilnehmerInnen auf dem Tuch schwieriger.

Anwendungsbereiche	Wenn Bewegungsbedürfnisse in einer Gruppe angemeldet oder wahrgenommen werden und wenn Pausen gestaltet werden sollen.
Ziel:	Auflockerung des Gruppenprozesses, Entspannung nach einer anstrengenden Arbeitsphase.
Beziehungsebene:	Spielerisch miteinander in Beziehung treten. Miteinander kooperieren oder konkurrieren.
Inhaltsebene:	Entspannung und Auflockerung durch Bewegung.
Regelebene:	Für die Leitung: Die jeweiligen Regeln vor Beginn erklären.

Ballonübung

Die Ballonübung eignet sich für Gruppen. Sie macht Freude und spricht die Kreativität des Einzelnen an.
Die TeilnehmerInnen stellen sich im Kreis auf. Die Leitung beginnt mit pantomimischen Bewegungen, einen erdachten Luftballon aufzublasen und wirft, rollt oder gibt ihn einem Gruppenmitglied. Diese nimmt den Ballon an und gestaltet ihn nach ihren Vorstellungen um.
So kann aus dem Luftballon ein Fuß-, Feder- oder Hüpfball werden, der entsprechend seiner Eigenschaft oder nach Laune des Gestalters weitergegeben wird.
Das Spiel sollte mindestens so lange gespielt werden, bis jede(r) einmal an der Reihe war.

Anwendungsbereich: In Pausen oder nach längeren Lernphasen, als Morgenübung zum Wach werden.

Ziel: Sich als Teil der Gruppe erleben, selbst eine gute Idee entwickeln und andere wahrnehmen.

Beziehungsebene: Gruppenübung, in der jeder aktiv werden kann.

Inhaltsebene: Nonverbale Übung.

Regelebene: Für die TeilnehmerInnen:
Nicht sprechen.

Für die Leitung:
Darauf achten, daß jede(r) an die Reihe
kommt.

Namensspiel mit der Maus

Mit Hilfe dieser Übung können sich die TeilnehmerInnen eines Kurses oder Seminars die Namen der einzelnen Gruppenmitglieder einprägen, bzw. auffrischen.

Die TeilnehmerInnen stehen oder sitzen im Kreis. Ein/e TeilnehmerIn bekommt von der Kursleitung einen Gegenstand, z.B. eine Stoffmaus. Er/sie wirft die Maus einem Mitglied der Gruppe zu, nennt dabei dessen Namen und was ihm/ihr von der betreffenden Person noch im Gedächtnis geblieben ist, z.B.:

„Du heißt ..., arbeitest als ... in ... und spielst in deiner Freizeit ..."

„Deine persönliche Situation ist..."

Der/die Angesprochene, bestätigt oder korrigiert das Gesagte, wirft die Maus einem/r anderen TeilnehmerIn zu und stellt diese/n vor.

Die Übung wird so lange fortgesetzt, bis jedes Gruppenmitglied einmal die Maus zugeworfen bekommen hat.

Anwendungsbereiche: Namen auffrischen am Abend oder am nächsten Morgen eines Seminars oder zu Beginn eines Folgetreffens.

Ziel: Die Namen und die Informationen zum Lebensumfeld der einzelnen TeilnehmerInnen vertiefen.

Beziehungsebene: Alle TeilnehmerInnen haben Kontakt untereinander und können ihre Beziehungen vertiefen.

Inhaltsebene:	Jedes Mitglied der Gruppe stellt eine/n ande-re/n TeilneherIn mit den Informationen vor, die ihm/ihr noch zu der Person in Erinnerung geblieben sind.
Regelebene:	Für die TeilnehmerInnen: Die Maus immer an GruppenteilnehmerInnen-werfen, die noch nicht vorgestellt wurden. Für die Leitung: Darauf achten, daß jede/r TeilnehmerIn in die Übung einbezogen wird, keine Wertungen oder Diskussionen zulassen. Die Leitung macht die Übung mit.
Variante:	Anstelle einer Maus kann auch ein Woll-knäuel geworfen werden. Der Faden wird da-bei von den TeilnehmerInnen festgehalten, so daß eine Art „Spinnennetz" entsteht. Der Faden wird wieder aufgelöst, indem der oder die letzte TeilnehmerIn den Faden wieder an den Vorgänger zurückwirft und z.B. den Namen nochmals wiederholt. Bei dieser Übung muß die Leitung beachten, daß die TeilnehmerInnen, die den Knäuel zu-letzt zugeworfen bekommen, unter Druck geraten können. Außenseiterrollen werden symbolisch sichtbar und von den TeilnehmerInnen aktiv erlebt. Die Leitung muß dies beachten und gegebe-nenfalls aufgreifen.

K 4

✓Einstieg	Prozeß	●Bewegung	✓Individuell
Ausstieg	Lernen	Entspannung	✓Gruppe

Marktplatz mit Zeitungsauschnitten

Die TeilnehmerInnen erhalten ein Zeitungsblatt und können sich innerhalb von zwei Minuten einen Satz oder eine Schlagzeile heraussuchen. Anschließend gehen sie beliebig durch den Raum, der den "Marktplatz" darstellt. Auf diesem Marktplatz können nun die Teilnehmer einander ihre Schlagzeilen mitteilen. Jedem, dem man unterwegs begegnet, teilt man seine Schlagzeile mit und hört sich den entsprechenden Satz seines jeweiligen Gegenübers an. Hierbei ergeben sich mitunter lustige Kombinationen. Dann geht man weiter und sucht einen neuen Partner. In einer ersten Runde kann die Mitteilung durch Sprechen erfolgen. Dann können weitere Variationen folgen:
- singend
- flüsternd
- lachend
- gleichgültig
- vorwurfsvoll
- ärgerlich
- aggressiv ...

Nachdem einige Varianten durchgeführt worden sind, kann das Spiel beendet werden.

Anwendungsbereich:	Als Morgenübung, als Einstieg in Rhetorikseminare und Gesprächstrainings.
Ziel:	Spielerisch miteinander Beziehung aufnehmen. Vorbereitung auf rhetorische Übungen.

Beziehungsebene: Alle Gruppenmitglieder im Raum wahrneh-
                     men und kurz mit ihnen verbal in Kontakt
                     treten.
                     Verschiedene emotionale Qualitäten auspro-
                     bieren.

Inhaltsebene: Aktivierung der Gruppenmitglieder für eine
                     Arbeitsphase.

Regelebene: Die Leitung beteiligt sich an der Übung.

Partnerübung mit Bierdeckeln

Diese Übung dient der Entspannung und soll dazu verhelfen, den eigenen Körper bewußt wahrzunehmen. Nach einer anstrengenden Arbeitsphase, in der viel "Kopfarbeit" nötig war, kann diese Übung Entspannung ermöglichen.

Die TeilnehmerInnen finden sich zu Paaren zusammen. Es empfiehlt sich, Matten oder Decken im Raum auszulegen und die Schuhe auszuziehen.

Ein(e) TeilnehmerIn legt sich in Rückenlage auf den Boden, schließt die Augen und versucht sich mit Hilfe einer ruhigen Musik zu entspannen. Der Partner erhält nun einen Stapel Bierdeckel und beginnt, behutsam einzelne Bierdeckel auf den Körper des anderen zu legen. Bei dieser Übung sollte nicht gesprochen werden. Sind alle Bierdeckel verteilt, wird Zeit zum Nachspüren gegeben. Danach werden die Bierdeckel wieder langsam weggenommen. Anschließend werden die Rollen getauscht.

Im Anschluß an diese Übung können sich die Partner mitteilen, z.B.:
- Wie habe ich die Übung erlebt?
- Wo habe ich die Bierdeckel gespürt, wo nicht?
- Was war es für ein Gefühl, mich dem anderen auszusetzen?
- Wo waren die Berührungen angenehm, wo unangenehm (z.B. im Gesicht usw.)?

Anwendungsbereich: Zwischen einzelnen Arbeitsphasen, zum Beginn oder Abschluß eines Tages. Wenn Bedürfnisse nach Entspannung wahrgenommen oder angemeldet werden.

Ziel:	Den Körper, einzelne Körperteile bewußt wahrnehmen. Durch Körperstimulation sich seiner selbst bewußt werden.
Beziehungsebene:	Dem anderen vertrauen. Den anderen im Blick halten und verantwortungsvoll mit ihm umgehen.
Inhaltsebene:	Körperwahrnehmung
Regelebene:	Die Leitung kann diese Übung mitmachen. Nach der Übung Zeit lassen, damit die Partner sich über ihre Erfahrungen austauschen können.

Papierübung

Diese Übung ist eine Partnerübung, die am Morgen oder zwischen einzelnen Arbeitsphasen eingesetzt werden kann.

Dazu braucht man ein Blatt Papier. Gut eignet sich dünnes Papier, z.B. Butterbrotpapier, weil es schön raschelt.

Die TeilnehmerInnen stellen oder setzen sich in Kreisform. Jede(r) erhält ein Blatt Papier. Gemeinsam kann jetzt mit dem Blatt experimentiert werden. Eine(r) kann beginnen und eine Bewegung oder ein Geräusch mit dem Blatt vormachen, die Gruppe macht es nach. So kann man mit dem Blatt z.B. wedeln, es aneinanderreiben, knittern usw. Immer entstehen entsprechende Geräusche. Man kann auch versuchen, einen Rhythmus entstehen zu lassen. Nachdem verschiedene Möglichkeiten ausprobiert worden sind, werden Paare gebildet. Ein Partner hält die Augen geschlossen, während der andere mit seinem Blatt Papier Geräusche erzeugt. Mit Hilfe dieser Geräusche wird der "Blinde" durch den Raum geführt. Derjenige, der die Geräusch erzeugt, muß darauf achten, daß der "Blinde" sich nicht stößt und am Geräusch erkennen kann, wann er gehen und wann er stehen bleiben soll. Bei dieser Übung sollte nicht gesprochen werden. Nur die Papiergeräusche sollten Signale geben. So kann man z.B. das Papier in der Nähe des rechten Ohrs rascheln lassen, wenn der "Blinde" nach rechts gehen soll, mit dem Rascheln leiser werden, wenn der Partner langsamer gehen sollte usw. Dem Einfallsreichtum sind hierbei keine Grenzen gesetzt. Der blinde Teilnehmer ist hierbei auf die gute Führung seine Partners angewiesen.

Nach ca. fünf Minuten können die Partner ihre Rollen tauschen. Nach der Übung sollten die Paare sich fünf Minuten über ihre Erfahrungen austauschen können.

Diese Übung kann auch eingesetzt werden, wenn es in der Gruppe um die Themen "Vertrauen" oder "Leiten" geht. Dann können die TeilnehmerInnen im Anschluß an diese Übung ihre Erfahrungen in einem Rundgespräch austauschen. Mögliche Auswertungsfragen sind:
- Wie habe ich die Rolle als "Blinder" erlebt?
- Wie ging es mir, als ich führte?
- Womit hatte ich Schwierigkeiten?
- ....

Anwendungsbereich: Als Übung am Morgen oder als Auflockerung zwischen einzelnen Arbeitsphasen. Auch wenn es in der Gruppe um die Themen "Vertrauen" oder „Leiten" geht.

Ziel: Den anderen sicher und gut leiten, so daß er unbeschadet durch den Raum gehen kann. Sich selbst führen lassen und sich mit neuen Kommunikationsformen verständigen.

Beziehungsebene: Sich jemandem anvertrauen können. Leiten und Verantwortung für den anderen übernehmen.

Inhaltsebene: Die TeilnehmerInnen müssen sich auf eine neue Kommunikationsform einlassen, sich vertrauen und für den anderen Verantwortung übernehmen. Die akustische Wahrnehmung wird sensibilisiert.

Regelebene.   Die Leitung kann diese Übung mitmachen. Vor der Übung die Regeln erklären. Evtl. einen Erfahrungsaustausch nach den Regeln des Rundgespräches nach Abschluß der Übung anbieten.

Gordischer Knoten

Die TeilnehmerInnen stellen sich in der Mitte des Raumes zu einem engen Kreis zusammen. Mit geschlossenen Augen werden die Hände ausgestreckt. Nun greift jeder nach zwei Händen und hält sie fest. Haben alle TeilnehmerInnen zwei Hände gefunden, können die Augen geöffnet und die Hände gesenkt werden. Sie dürfen jedoch nicht losgelassen werden. Die TeilnehmerInnen erhalten nun die Aufgabe, die so entstandenen Verknotungen zu lösen, um wieder einen Kreis zu bilden. Das Lösen des Knotens geschieht, indem z.B. alle über die Hände zweier Gruppenmitglieder steigen oder unter ihnen hindurch kriechen müssen. Dabei dürfen die Hände nicht gelöst werden. Es kann auch sein, daß am Ende zwei ineinander verschlungene Knoten entstehen. Ab einer Zahl von 15 TeilnehmerInnen kann die Übung zu schwierig werden, weil die Verknotungen zu vielfältig sind. Dann dürfen sich ausnahmsweise zwei TeilnehmerInnen kurz loslassen, um die Verwicklung etwas aufzulösen.

Anwendungsbereich:	Als Abschluß einer Kurseinheit oder als Auflockerung zwischen zwei Arbeitsphasen.
Ziel:	Körperlicher Ausgleich, abschalten, als Gruppe eine Aufgabe lösen.
Beziehungsebene:	Die Gruppe führt die Übung gemeinsam durch. Alle Gruppenmitglieder stehen in Beziehung zueinander und versuchen gemeinsam, eine Lösung zu finden.

145

Inhaltsebene:	Eine unübersichtliche Gruppenstruktur wieder auflösen.
Regelebene:	Für die Leitung: Die Kursleitung erklärt die Übung und achtet darauf, daß die Hände während der Übung nicht losgelassen werden.
Variante:	Die Übung kann auch während einer Arbeitsphase eingesetzt werden, z.B. wenn es um die Beziehungsstruktur innerhalb der Gruppe geht. Dann schließt sich ein Rundgespräch an, das mit folgenden Fragen eingeleitet werden kann: - Wie ging es mir während der Übung? - Was ist mir durch diese Übung klargeworden?

Aufstellen im Kreis

Die TeilnehmerInnen bilden einen möglichst engen Kreis und fassen sich an den Händen. Danach kann sich jede(r) nach hinten zurücklehnen, um zu spüren, wieviel Halt die Gruppe geben kann.
Anschließend richten sich alle wieder auf, gehen etwas auseinander und legen nun ihre Handinnenflächen aneinander. Die TeilnehmerInnen drücken nun ihre Arme zur Seite. Dabei wird die Kraft, die in der Gruppe ist, erfahrbar.

Anwendungsbereich:	Als Auflockerung zu Beginn der nächsten Arbeitsphase.
Ziel:	Anspannung und Entspannung der Muskeln spüren. Körperlichen Ausgleich nach einer Arbeitsphase schaffen.
Beziehungsebene:	Die Gruppe führt die Übung gemeinsam durch, sucht miteinander Entspannung und probiert eine neue Erlebnisebene aus.
Inhaltsebene:	Zusammen mit der Gruppe schweigend bestimmte Bewegungen durchführen.
Regelebene:	Für die TeilnehmerInnen: Beim Zurücklehnen halten sich alle so, daß niemand aus dem Kreis fällt.

Für die Leitung:
Die Kursleitung gibt genaue Anweisungen.
Insgesamt sollte die Übung nicht länger als
fünf Minuten dauern.

Variante:

Die Übung kann zu bestimmten Phasen im
Gruppenprozeß, z.B. der Machtkampfphase,
bewußt eingesetzt werden. Es ist dann möglich, die Übung anhand folgender Fragen mit
der Gruppe auszuwerten:
- Wie konnte ich mich im Kreis fallenlassen?
- Wie habe ich meine Kraft in der Gruppe
  einbringen können?
- Wobei habe ich mich wohler gefühlt?

Der Fischer wirft das Netz aus

Diese Atemübung kann an der frischen Luft oder im Seminarraum mit geöffneten Fenstern durchgeführt werden.
Die TeilnehmerInnen suchen sich im Raum einen Platz mit ausreichenden Bewegungsmöglichkeiten. Die Beine werden leicht gegrätscht, der Oberkörper ist aufgerichtet. Nun werden die Hände in Bauchhöhe gehoben, der Oberkörper wird leicht nach vorne gebeugt. Die TeilnehmerInnen können sich vorstellen, sie seien ein Fischer, der sein Netz auswirft. Das imaginäre Netz wird nun mit Schwung nach rechts geworfen. Diese Bewegung wird mit einer Ausatmung begleitet. Mit dem Einatmen wird das Netz in einem großen Bogen wieder an Land gezogen, indem die Hände von rechts nach links zum Nabel zurückgeführt werden. Die Einatmung endet mit der Ausgangsposition und aufgerichtetem Oberkörper. Das Aus- und Einziehen des „Netzes" wird fünf bis zehn mal wiederholt.

Anwendungsbereiche:	In Pausen oder zu Beginn der nächsten Arbeitseinheit. Die Übung eignet sich auch gut für den Morgen vor der ersten Arbeitseinheit.
Ziel:	Bewußt ein- und ausatmen, insbesondere über die Brustatmung. Den Körper mit Sauerstoff versorgen. Sich auf den Körper konzentrieren, ihn bewußter wahrnehmen. Energien tanken.

Beziehungsebene:	Die TeilnehmerInnen führen die gleichen Bewegungen aus. Jede(r) konzentriert sich auf ihren/seinen eigenen Atemrhythmus.
Inhaltsebene:	Bewußtes Ein- und Ausatmen, unterstützt durch rhythmische Bewegungen. Als Einstimmung auf die nächste Arbeitsphase oder Unterbrechung eines anstrengenden Lernprozesses.
Regelebene:	Für die TeilnehmerInnen: Jede(r) führt die Bewegungen im eigenen Atemrhythmus aus.
Für die Leitung:	Die Leitung führt die Bewegungen vor und leitet sie an. Nach der Übung sollte eine kurze Zeit zum Nachspüren gegeben werden, evtl. mit der Fragestellung : „Wie fühlt sich mein Körper jetzt an?"

K 10

Einstieg	Prozeß	✓Bewegung	✓Individuell
Ausstieg	Lernen	●Entspannung	Gruppe

Atemübung

Falls möglich, sollte diese Atemübung draußen an der frischen Luft
durchgeführt werden. Sie kann jedoch auch bei geöffneten Fenstern im
Raum eingesetzt werden.
Die TeilnehmerInnen stellen sich so auf, daß jeder genügend Platz für
Armbewegungen hat. Die Beine werden leicht gegrätscht, die Wirbel-
säule wird möglichst gerade aufgerichtet. Die Leitung gibt etwas Zeit,
damit sich die TeilnehmerInnen in dieser Haltung bewußt spüren können. Nun wird in drei Schritten mit Unterstützung der Arme ein- und
ausgeatmet.

1. Die Hände werden ineinander verschränkt und nach unten gescho-
   ben. Die Handinnenflächen zeigen nach oben. Mit einer Einatmung
   werden die Hände bis zum Kinn bewegt. Die verschränkten Hände
   werden so gedreht, daß die Handinnenflächen nach unten zeigen. Mit
   der Ausatmung kehren die Hände in die Ausgangsposition zurück.
   Diese Bewegung wird noch zweimal wiederholt. Jede(r) kann dies in
   seinem eigenen Atemrhythmus tun.

2. Mit einer Einatmung werden die verschränkten Hände wieder bis
   zum Kinn geführt. Bei der Ausatmung werden die Hände gelöst, die
   Handinnenflächen nach außen gedreht. Die Hände ziehen vor dem
   Oberkörper wie beim Brustschwimmen einen Kreis und kehren dann
   wieder in die Ausgangsposition zurück. Die Übung wiederholt jede(r)
   im eigenen Atemrhythmus noch zwei mal.

3. Aus der Ausgangsposition werden die Hände mit der Einatmung nun
   bis über den Kopf geführt. Mit der Ausatmung lösen sich die Hände
   und bewegen sich mit einer seitlichen Kreisbewegung nach unten. Die

Handinnenflächen zeigen dabei nach unten. Mit dem Ende der Ausatmung kehren die Hände wieder in die Ausgangsposition zurück. Die Übung wiederholt jede(r) im eigenen Atemrhythmus noch zwei mal.

Nun werden diese drei Ein- und Ausatmungsübungen jeweils hintereinander durchgeführt.

Anwendungsbereiche: In Pausen oder zu Beginn der nächsten Arbeitseinheit. Die Übung eignet sich auch gut für den Morgen, vor der ersten Arbeitseinheit.

Ziel: Bewußt ein- und ausatmen, insbesondere über die Brustatmung. Den Körper mit Sauerstoff versorgen. Sich auf den Körper konzentrieren, ihn bewußter wahrnehmen.

Beziehungsebene: Die TeilnehmerInnen führen die gleichen Bewegungen aus. Jede(r) konzentriert sich auf ihren/seinen eigenen Atemrhythmus.

Inhaltsebene: Meditative Einstimmung auf die nächste Arbeitsphase, Konzentrationsvermögen unterstützen.

Regelebene: Für die TeilnehmerInnen:
Jede(r) führt die Bewegungen im eigenen Atemrhythmus durch.

Für die Leitung:
Die Leitung führt die Bewegungen vor und leitet sie an.
Nach der Übung sollte eine kurze Zeit zum Nachspüren gegeben werden, evtl. mit der Fragestellung :
- Wie fühlt sich mein Körper jetzt an?

K 11

Einstieg	✓ Prozeß	● Bewegung	✓ Individuell
Ausstieg	Lernen	✓ Entspannung	Gruppe

Stäbchentanz

Der Stäbchentanz ist eine Partnerübung, bei der die Geschicklichkeit und das Zusammenspiel der Partner gefragt ist.
Die Übung ist besonders interessant, wenn während ihrer Durchführung nicht geredet wird.
Die Gruppe wird für die Übung in Paare aufgeteilt. Die PartnerInnen stellen sich einander gegenüber auf und erhalten zwei Bambusstäbchen.
Sie halten nun jeweis das Ende des ersten Stäbchens mit dem linken und das zweite mit dem rechten Zeigefinger, so daß die Stäbchen zwischen den Partnern durch den entstehenden Druck gehalten werden.
Dazu wird eine nicht zu langsame, rhythmische Musik gespielt, zu der sich die Paare mit ihren „schwebenden" Stäbchen frei im Raum bewegen können. Wenn möglich, sollten die Stäbchen nicht herunter fallen.
Dabei lassen sich für die einzelnen Paare interessante Beobachtungen in der nonverbalen Kommunikation machen, die in einer anschließenden Auswertungsphase für die Einzelnen und die Gruppe nutzbar gemacht werden können. Mögliche Fragen sind hier:
- Was ist mir aufgefallen?
- Wie ist uns die gemeinsame Bewegung gelungen?
- Wie ging es mir in der Kommunikation mit meiner(m) PartnerIn?

Anwendungsbereich: Zum Einstieg in den Tag.
Nach einer arbeitsintensiven Seminarphase.

Ziel: Bewegungsabläufe gemeinsam koordinieren.
Sich aufeinander einstellen.

Beziehungsebene: Partnerübung, in der das Zusammenspiel sehr wichtig ist.

Inhaltsebene:	Nonverbale Kommunikation.

Regelebene:

Für die TeilnehmerInnen:
Während der Übung nicht miteinander reden.
Versuchen, die Stäbchen nicht fallen zu lassen.

Für die Leitung:
Sucht passende Musik aus. Erklärt die Regeln.
Wertet die Übung im Rundgespräch aus.

Partnerübung aus dem Tai-Chi

Für diese Übung werden Paare gebildet. Die Partner stehen sich gegenüber, stellen jeweils ihren rechten Fuß gegeneinander und legen die
rechten Hände ineinander. Dabei wird die linke Hand hinter den Rücken
gelegt. Der eine Partner führt die Hand des anderen Partners an seine
Brust, macht eine Drehung nach rechts, so daß die linke Schulter nach
vorne kommt und führt die Hand so rechts an seiner Brust vorbei. Dann
wird diese Bewegung jeweils in der anderen Richtung zum Partner hin
ausgeführt. Die Übung wird mehrmals wiederholt, die Partner können
auch gewechselt werden.

Anwendungsbereich: Die Übung kann in den Pausen eingesetzt
werden, aber auch in den Kursablauf inte-
griert werden, um die Sensibilität füreinander
zu erhöhen.

Ziel: Bewußt den eigenen Körper wahrnehmen und
ein Gefühl für ihn entwickeln.
Bewegungsabläufe auf den Partner abstimmen.

Beziehungsebene: Den Partner bewußt wahrnehmen, sensibel mit
ihm umgehen. Sich den Bewegungsvorgaben
des Partners anpassen.

Inhaltsebene: Die Beziehung untereinander, die sich im ge-
genseitigen Führen und im Spüren des Gegen-
drucks der anderen Hand äußert.

Regelebene: Für die Leitung:
                     Die Leitung kann die Bewegungen der Teil-
                     nehmerInnen korrigieren und zu einem flüs-
                     sigen Bewegungsablauf motivieren.

7. Übungen für den Ausstieg aus Kursen

Hat die Kursleitung eine Gruppe durch eine Arbeitsphase begleitet, in der die TeilnehmerInnen intensive Erfahrungen gemacht haben, muß sie dafür sorgen, daß die TeilnehmerInnen den Kurs auch gut beenden und in ihren Alltag zurückgehen können.

Die TeilnehmerInnen müssen sich aus der nahen und intensiven Arbeitsatmosphäre und den teilweise engen Beziehungen innerhalb der Gruppe lösen und sich ihrer Alltagsrealität wieder annähern.

Hier zahlt es sich aus, wenn die Kursleitung im gesamten Kursverlauf darauf geachtet hat, daß die persönlichen Erfahrungen und Lernschritte der TeilnehmerInnen an das Gesamtziel des Kurses angeknüpft haben, das sich aus den Alltagssituationen der TeilnehmerInnen ergeben hat.

Darüber hinaus muß die Leitung die Ablösung aktiv gestalten: Die Arbeitsphase wird beendet, und es werden Übungen eingesetzt, die den TeilnehmerInnen eine Reflexion über das Seminar und einen Transfer der Arbeitsergebnisse in Alltagssituationen ermöglichen.

Folgende Übungen für den Ausstieg aus Seminaren werden wir vorstellen:

A 1   Bild malen zur Lerngeschichte
A 2   Lachendes Gesicht - trauriges Gesicht - Mülleimer
A 3   Brief an sich selbst schreiben
A 4   Abschlußreflexion
A 5   Ausstieg mit Zetteln
A 6   Knödeln

Bild malen zur Lerngeschichte

Mit dieser Übung kann die Auswertung eines Kurses eingeleitet
werden. Sie ist eine Einzelübung, die jede(r) TeilnehmerIn für sich
durchführen kann, um seine/ihre Lerngeschichte innerhalb des Kurses
zu reflektieren und Lernergebnisse festzuhalten.

Die TeilnehmerInnen erhalten Papier und Stifte und werden gebeten, in
einem Bild ihre Lernergebnisse, Lernatmosphäre, Stimmungen und persönliche Erfahrungen von Beginn bis zum Ende des Kurses
darzustellen.

Jede(r) kann hierzu eigene Symbole und Darstellungsweisen wählen.
Die Leitung kann als Hilfestellung noch einmal die einzelnen Kurspha-
sen zusammenfassen. Durch das Malen werden die individuellen Prozesse und Erfahrungen bewußt gemacht, im Bild festgehalten und ver-
anschaulicht. Für die Darstellung der Lerngeschichte sollten mindestens 25 Minuten Zeit gelassen werden, nicht ohne darauf hinzuweisen,
daß es nicht darauf ankommt, ein "schönes" Bild zu malen.

Zum Malen können sich die TeilnehmerInnen auch an einen ruhigen Ort
zurückziehen. Nach Ablauf der vorgegebenen Zeit trifft sich die Gruppe im Plenum. Jede(r) TeilnehmerInn beschreibt mit Hilfe seines/ihres
Bildes seine/ihre persönliche Lerngeschichte während des Kurses.

Anwendungsbereich: Zum Ende eines Kurses oder eines Seminares.
Als Auswertungs- und Reflexionsübung.

Ziel: Es werden persönliche Lernschritte bewußt
gemacht und festgehalten. Der Lernprozeß
wird deutlich. Die Gruppenphasen können auf
die persönliche Lerngeschichte rückbezogen
werden.

158

Beziehungsebene:	Einzelübung zur individuellen Auseinandersetzung mit der eigenen Entwicklung, den eigenen Erfahrungen, Aktionen, Reaktionen und Lernschritten, unter Einbezug der Gruppeninteraktion im Laufe des Seminars.
Inhaltsebene:	Es wird deutlich, welche individuellen Lernschritte gemacht wurden und wie sie aufeinander aufgebaut waren. Jede(r) kann persönliche Lernschritte festhalten und formulieren.
Regelebene:	Für die Leitung: Die Kursleitung nimmt an der Übung teil. Die Auswertung erfolgt nach den Regeln des Rundgespräches. Darauf achten, daß jede(r) von sich spricht und die Beiträge des anderen nicht kommentiert oder kritisiert. Im Anschluß an diese Übung kann in einer nächsten Runde der Transfer in die Praxis eingeleitet werden.

A 2

Einstieg	✓ Prozeß	Bewegung	✓ Individuell
● Ausstieg	✓ Lernen	Entspannung	Gruppe

Lachendes Gesicht - trauriges Gesicht - Mülleimer

Diese Übung dient zur Reflexion eines Kurses oder eines Seminars.
Die Kursleitung malt auf ein Blatt ein lachendes Gesicht, auf ein
zweites Blatt ein trauriges Gesicht und auf ein drittes Blatt einen
Mülleimer. Die drei Blätter werden in die Mitte des Stuhlkreises gelegt.
Die Kursleitung kann dazu z.B. folgende Reflexionsfragen in die
Gruppe geben:
- Was war für mich hilfreich im Kurs? - Lachendes Gesicht
- Womit hatte ich Probleme? - trauriges Gesicht
- Wovon möchte ich mich trennen? - Mülleimer

Es empfiehlt sich zunächst ein Austausch in Kleingruppen und dann
eine Plenumsrunde, in der sich alle TeilnehmerInnen zu den einzelnen
Reflexionsfragen äußern können. So erfahren alle voneinander, wie
jeder einzelne den Kurs erlebt hat, und die Kursleitung kann sich orientieren, wie ihre Kursgestaltung von den TeilnehmerInnen aufgenommen wurde.

Anwendungsbereich:	Zur Reflexion am Ende eines Kurses oder eines Seminars.
Ziel:	Die TeilnehmerInnen können den Kurs individuell reflektieren und ihre persönlichen positiven oder/und negativen Erfahrungen äußern.
Beziehungsebene:	eher individuell.
Inhaltsebene:	Reflexion des Kursverlaufs.

| Regelebene: | Für die TeilnehmerInnen: |
| | Ich-Aussagen formulieren. |

Für die Leitung:
Auf Ich-Aussagen achten, Wertungen verhindern, Aussagen nicht durch anderer kommentieren lassen, eventuelle Unklarheiten am Schluß der Runde ansprechen.

KL kann sich als letzte anschließen.
Ich- Aussage!

Brief an sich selbst schreiben

In dieser Übung zum Abschluß eines Kurses oder Seminars schreiben die TeilnehmerInnen einen Brief an sich selbst.

In dem Brief werden individuelle Erfahrungen und Erkenntnisse aus dem Seminar oder dem Kurs formuliert.

Der Kursleiter gibt als Reflexionshilfe einige unterstützende Fragen an die Gruppe, z.B.:

- Mit welchen Gefühlen gehe ich aus dem Kurs?
- Welche Erfahrung waren in diesem Kurs für mich besonders wichtig?
- Was möchte ich auf keinen Fall vergessen?
- Welche persönlichen Erkenntnisse nehme ich mit?
- Was möchte ich in der nächsten Zeit auf jeden Fall weiterverfolgen?
- Welchen Schritt will ich als nächstes praktisch umsetzen?

Die TeilnehmerInnen können sich in Kleingruppen über diese Fragen austauschen und dann kann jeder für sich den Brief schreiben. Im Plenum stellt dann jede(r) TeilnehmerIn seine/ihre wichtigsten Punkte vor, damit jede(r) vom anderen weiß, wie er nach Hause fährt.

Jede(r) TeilnehmerIn steckt seinen/ihren Brief in einen Kuvert und adressiert ihn an sich selbst.

Die Kursleitung sammelt die geschlossenen Briefumschläge ein. Nach einer abgesprochenen Zeit von ca. vier bis sechs Wochen schickt die Kursleitung jedem Teilnehmer, jeder Teilnehmerin ihren/seinen Brief zu.

Dadurch erfolgt eine erneute Motivation, Erfahrungen und Erkenntnisse aus dem Kurs im Alltag anzuwenden und umzusetzen.

Anwendungsbereich: Zum Abschluß eines Kurses.

Ziel: Individuelle Reflexion des Kurses.
                         Möglichkeit die, eigene Entwicklung im Blick
                         zu halten.

Beziehungsebene: Jeder reflektiert und schreibt für sich.

Inhaltsebene: Reflexion der persönlichen Erfahrungen und
                         Erkenntnisse während des Kursverlaufs und
                         deren Umsetzung.

Regelebene: Für die Leitung:
                         Briefe einsammeln und verschicken.

A 4

Einstieg	Prozeß	Bewegung	✓Individuell
●Ausstieg	Lernen	Entspannung	Gruppe

Abschlußreflexion

Eine einfache Abschlußübung ist die Abschlußreflexion. Diese kann bei längeren Seminaren mit Auswertungsfragen zum „Beziehungs-, Regel- und Inhaltsaspekt" gestaltet werden:
- Wie habe ich die Atmosphäre in der Gruppe erlebt?
- Wie habe ich die eingesetzten Methoden erlebt?
- Wie haben mich die Themen angesprochen?

Es können Fragen zum Transfer des Gelernten in den Alltag sein:
- Welchen ersten Schritt möchte ich in der nächsten Zeit konkret in meiner Arbeit ausprobieren?
- Was möchte ich im Blick behalten?

Rückmeldung auf die Leitung und Wünsche für die nächste Veranstaltung können eingeholt werden:
- Wodurch war die Leitung hilfreich oder auch weniger hilfreich?
- Welche Wünsche habe ich für ein nächstes Treffen?

Es sollten jedoch auch bei einem längeren Seminar nicht mehr als vier bis fünf Fragen gestellt werden.

Eine Abendveranstaltung kann mit ein oder zwei Fragen wie z.B:
- Wie geht es mir am Ende dieses Abends?
- Was nehme ich aus der Veranstaltung mit?
abgeschlossen werden.

Bei der Durchführung gelten die Regeln des Rundgespräches.

Anwendungsbereich: In der Auswertungsphase von Seminaren und

Abendveranstaltungen.

Ziel:	Auswertung der Veranstaltung, Rückmeldung an die Kursleitung, Transfer in den Alltag.
Beziehungsebene:	Blick auf die gemeinsame Lern- und Gruppensituation sowie die Erfahrungen mit der Leitung. Jede(r) hat die Möglichkeit, seine Einschätzung mit der der anderen zu vergleichen.
Inhaltsebenen:	Der Kurs aus Sicht der einzelnen TeilnehmerInnen.
Regelebene:	Für die TeilnehmerInnen: Jede/r spricht für sich in Ich-Aussagen. Auf die Aussagen der anderen keinen Bezug nehmen. Aussagen nicht bewerten.

Für die Leitung:
Beteiligt sich an der Übung. Äußert sich jedoch zum Schluß.

A 5

Einstieg	Prozeß	Bewegung	✓Individuell
●Ausstieg	Lernen	Entspannung	Gruppe

Kursauswertung mit Zetteln

Jede/r KursteilnehmerIn erhält zum Ende des Seminars fünf Blätter
(DIN A5 oder A4), auf denen jeweils folgende Symbole aufgezeichnet
sind:
- Ein großes Herz -
„Was war besonders gut für mich?"
- Ein Koffer -
„Was möchte ich mitnehmen?"
- Ein großes Ausrufezeichen -
„Worauf will ich in der nächsten Zeit achten?"
- Eine Eisenbahn -
„Was möchte ich den TrainerInnen mit auf die Reise geben?"
- Eine Mülltonne -
„Was möchte ich nicht mitnehmen?"

Jede/r (auch die TrainerInnen) füllt nun seine/ihre Blätter aus. Die aus-
gefüllten Blätter werden im Raum ausgelegt.
Gemeinsam kann man nun schweigend durch den Raum gehen und alle
Zettel lesen. Verständnisfragen können noch gestellt werden.

Anwendungsbereich: Zum Abschluß und zur Auswertung von
                       Kursen und Seminaren.

Ziel: Reflexion der Veranstaltung, bewußtes An-
                       nehmen oder Ablehnen von Kursinhalten.
                       Rückmeldung an die Kursleitung. Transfer
                       in den Alltag.

Inhaltsebene:	Der Kurs, das Seminar aus der Sicht des Einzelnen, ohne sich verbal darüber auszutauschen.
Beziehungsebene:	Rückblick auf die gemeinsam verbrachte Zeit. Aus der Einschätzung der einzelnen ergibt sich ein Gesamtbild.
Regelebene:	Für die TeilnehmerInnen: Jede/r schreibt für sich, ohne sich von anderen beeinflussen zu lassen. Für die Leitung: Macht die Übung mit, achtet darauf, daß nicht über die einzelnen Aussagen diskutiert wird.

Knödeln

oder Aussagen

Die Kursleitung bereitet ein Plaktat vor, auf dem Fragen zum Kurs-
geschehen notiert sind.
Die Fragen können sich auf den Inhalts-, den Beziehugs- oder den Re-
gelaspekt beziehen.
Auf einer Skala von minus bis plus drei kann nun jede/r TeilnehmerIn
pro Frage einen Punkt aufkleben.
Die KursteilnehmerInnen können so ihre Eindrücke vom Kurs kund tun,
ohne sich verbal dazu zu äußern.
Die Kursleitung erhält eine Rückmeldung darüber, wie die Teilnehmer-
Innen den Kurs erlebt haben.

Wie hilfreich war die Leitung
Wie gut war das Klima

Anwendungsbereich: Am Schluß von Kursen und Seminaren.

Ziel: Jeder kann das Kursgeschehen aus seiner
Sicht reflektieren.
Die Kursleitung erhält eine Rückmeldung über
das Erleben der TeilnehmerInnen.

Inhaltsebene: Die individuelle Sicht der Teilnehmer/innen.

Beziehungsebene: Einzelarbeit, die zu einer Gesamteinschätzung
des Kurses führt.

Regelebene: Jeder arbeitet für sich, die Punktesetzungen
werden nicht bewertet oder diskutiert.

Alphabetisches Verzeichnis der Übung

Checkliste: Planung einer Übung

Übung:

1. Funktion der Übung für den Lernprozeß
   - An welche Vorerfahrungen bzw. auf welche aktuelle Situation der Kursgruppe nimmt die Übung Bezug?
   - Was soll mit der Übung erreicht werden?
   - Weshalb paßt die Übung in diesen Kursabschnitt?
   - Ist die Zielsetzung realistisch oder muß sie eingegrenzt werden?

2. Ablauf der Übung
   - Aufbau
   - Bildung von Untergruppen
   - Zeitbedarf
   - Materialien, die vorbereitet werden müssen?
   - Wie kann der Zeitrahmen abgesichert werden?
     Zielbegrenzung, Themenbegrenzung, Materialvorgabe, Gruppengröße

3. Ausgangssituation der TeilnehmerInnen
   - Welche Voraussetzungen können bei den TeilnehmerInnen angenommen werden?
   - Was könnte die TeilnehmerInnen motivieren, die Übung durchzuführen?

4. Instruktion
   - Warum sollen die TeilnehmerInnen die Übung machen?
   - Worin besteht der Nutzen für die Teilnehmer/innen?
   - Wie wird die Beziehung zum vereinbarten Lernziel zum Ausdruck gebracht?
   - Welche Erlebniswerte der Übung können herausgestellt werden?
   - Material (nicht zu viel)
   - Zeitvorgabe - ist die Aufgabe so begrenzt, daß der vorgesehene Zeitrahmen ausreicht?

- Wie kann sichergestellt werden, daß die Instruktionen verstanden wurden (Arbeitsaufgaben schriftlich)?

5. Durchführung
   - Welche Rolle wird der/die TrainerIn einnehmen? (Beobachter, Teilnehmer, geht er aus dem Raum?)
   - Welche Interventionen der Leitung sind vorgesehen?
   - Unter welchen Bedingungen wird die Übung abgebrochen?

6. Planung der Auswertungsphase
   - Welche Ergebnisse werden erwartet und wie sollen sie ausgewertet werden?
   - Welche neuen Lernschritte sollen sich aus der Übung und Auswertung ergeben?
   - Welche Auswertungskategorien werden vorgegeben?
   - Arbeitsblätter, Raster, Fragebögen.
   - Ergänzende Informationen.
   - Überleitung zum nächsten Lernschritt.

Checkliste zur Reflexion von durchgeführten Übungen

Übung:

1. Was war das Ziel der Übung?

2. Auf welche Ausgangssituationen der TeilnehmerInnen hat die Übung Bezug genommen?

3. Wie wurden die TeilnehmerInnen motiviert, an der Übung teilzunehmen?

4. Wie wurde die Übung angeleitet?

5. Wie wurde die Übung durchgeführt?

6. Wie wurde die Übung ausgewertet?

7. War der nächste Schritt (oder das weitere Vorgehen) nach der Auswertung der Übung organisch, bzw. passend?

Fragebogen zur Prozessanalyse

1. Ich habe heute meine Vorstellungen in den Kurs einbringen können
I-------I-------I-------I-------I-------I-------I
1   2   3   4   5   6   7

2. Die Themen haben mich interessiert
I-------I-------I-------I-------I-------I-------I
1   2   3   4   5   6   7

3. Ich sehe Anwendungsbereiche für das Gelernte
I-------I-------I-------I-------I-------I-------I
1   2   3   4   5   6   7

4. Ich konnte heute effektiv lernen
I-------I-------I-------I-------I-------I-------I
1   2   3   4   5   6   7

5. Das Klima im Kurs war heute...?
I-------I-------I-------I-------I-------I-------I
1   2   3   4   5   6   7

6. Die Kursleitung war für den Lernprozeß hilfreich
I-------I-------I-------I-------I-------I-------I
1   2   3   4   5   6   7

Die TrainerInnen von „weiterbildung live"

Eckhard Bieger, Dr. phil.
Kommunikationswissenschaftler und Theologe, hat verschiedene Trainigsprogramme entwickelt und ist seit 1976 als Trainer tätig.
Schwerpunkte: Marketing für Bildungs- und Sozialeinrichtungen, Konflikttraining, Kursleiterausbildung.

Claudia Höller
Dipl.-Heilpädagogin, Trainerin, arbeitet mit verhaltensauffälligen Kindern und Jugendlichen, Beratung und Begleitung von Teams und Familien.
Seit 1993 Trainerin bei weiterbildung live.

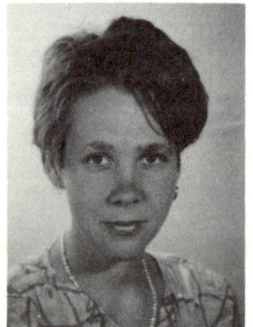

Jutta Mügge
Geschäftsführerin und Trainerin, von weiterbildung live, war mehr als 10 Jahre in der Leitung von Teams in sozialen Institutionen tätig, seit 1978 freiberufliche Trainerin mit den Schwerpunkten: Gesprächsleitung, Konfliktmoderation, Leitungsstrainings, Öffentlichkeitsarbeit, Teamentwicklung.

Sabine Müller
Dipl.-Heilpädagogin, Trainerin, Erfahrung in der praktischen Arbeit mit Kindern, Jugendlichen, Eltern und Teams,
arbeitet seit 1993 als Trainerin bei weiterbildung live.

weiterbildung live - Energien strukturieren

live
denn es geht um Ihre Erfahrungen und Ihre berufliche Praxis
live
weil Sie weiterkommen mit Ihren Aufgabenstellungen, Arbeitsprojekten und Konfliktsituationen
live
weil Sie Energien freisetzen, wenn Seminare Spaß machen

weiterbildung live
ist eine Trainingsfirma, die Leitungskompetenz vermittelt,
- für die Leitung von Teams und Gruppen,
- für die Moderation von Sitzungen und Gesprächsrunden,
- für die Bearbeitung von Konflikten,
- für Seminarplanung und -durchführung,
- für Marketing und Öffentlichkeitsarbeit von Sozial- und Bildungseinrichtungen.

Die Seminarprogramme
sind so angelegt, daß die Leitungskompetenz schrittweise aufgebaut wird und Perspektiven für die berufliche Weiterentwicklung entwickelt werden.

Die Arbeitsweise
Die Seminare sind mehrteilig angelegt, so daß das Gelernte in die Praxis umsetzbar ist und konkrete Probleme aus dem beruflichen Alltag im Rahmen der Seminareinheiten bearbeitet werden können.

Die Methoden
1. Trainiert werden bestimmte Methoden und Verfahren, die zur Erreichung von Kommunikationszielen notwendig sind.
   - Z.B. die Schritte für eine Entscheidungsfindung in einem Team,
   - Zusammenfassung von Gesprächsbeiträgen,
   - Form und Schritte eines Konfliktgespräches,
   - Einsatz von Übungen und Medien in Seminaren,

- Entwicklung und Durchführung eines Konzeptes für die
Öffentlichkeitsarbeit aus dem eigenen Arbeitsfeld,
- Gestaltungskriterien für Präsentationen,
- Formulierung von Texten für Ausschreibungen und Presse,
- Entwicklung von Slogans.

2. Das Verhältnis der Leitung zu ihren Teams und Seminargruppen
wird thematisiert, die Interaktion in den Teams und Gruppen wird
beobachtet, Lernprozeß und Gruppenprozeß werden konkret erlebt
und ausgewertet. Funktion und Aufgabe der Leitung werden abge-
klärt. Die Entwicklung der Leiterrolle wird durch konkrete Trai-
nigseinheiten unterstützt.

Die Programme von weiterbildung live

* dynamisch, motivierend, sicher
Kompetenz für Kursleitung
* Den Ton treffen
Kompetenz für Gesprächsleitung
* Verhandlungstraining
Im Gespräch überzeugen
* Hinter Konflikten stecken Energien
Kompetenz für Leitung und Konfliktbearbeitung
* Zeit, Geld, Werte
Kompetenz für Marketing und Öffentlichkeitsarbeit für Bildung und
Soziales
* Live Schaltung
Was Fernsehen mit Bewegung zu tun hat
* Teamentwicklung / Teambegleitung
Energien freisetzen - Ziele erreichen

Wenn Sie sich über die Kursprogramme von **weiterbildung live** informieren wollen, schreiben Sie uns oder kopieren Sie diese Seite und schicken sie an folgende Adresse:

weiterbildung live
Engelsberg 12
53819 Neunkirchen-Seelscheid

☐ **den Ton treffen** - Kompetenz für Gesprächsleitung

☐ **Verhandlungstraining** - Im Gespräch überzeugen

☐ **dynamisch, motivierend, sicher** - Kompetenz für Kursleitung

☐ **hinter Konflikten stecken Energien** - Kompetenz für Leitung und Konfliktmoderation

☐ **Zeit , Geld, Werte** - Marketing und Öffentlichkeitsarbeit für Bildung und Soziales

☐ **Live Schaltung** - Was Fernsehen mit Bewegung zu tun hat

☐ **Teamentwicklung / Teambegleitung** - Energien freisetzen, Ziele erreichen

Das Informationsmaterial soll an folgende Adresse geschickt werden:

_____

_____

_____

weiterbildung live - Band 1
Eckhard Bieger, Jutta Mügge

DEN TON TREFFEN
Kompetenz für Gesprächsleitung

den Ton treffen:
Erfahrungen ansprechen, Probleme herausarbeiten, Entscheidungspro-
zesse strukturieren, Konflikte moderieren.
Fünfmal Methoden und Strategien für die Gesprächsleitung.

94 Seiten, DM 12,80

weiterbildung live - Band 2
Eckhard Bieger, Jutta Mügge

DYNAMISCH, MOTIVIEREND, SICHER
Kompetenz für Kursleitung

dynamisch, motivierend und sicher in der Kursleitung werden,
dazu braucht es Wissen um Phasenabläufe, den methodischen Einsatz
von Übungen und Medien, den gekonnten Umgang mit Motivations-
krisen und Konflikten und die Arbeit an der eigenen Leitungskompetenz.
Ein Arbeitsbuch das an den Erfahrungen ansetzt und Kursplanung und
-durchführung systematisch entwickelt.

167 Seiten, DM 18,80

weiterbildung live - Band 3
Eckhard Bieger, Claudia Höller, Jutta Mügge, Sabine Müller

ÜBUNGEN UND METHODEN FÜR DIE KURSLEITUNG

Übungen und Methoden,
als Anregungen und Ideen, um Ihre Kurse und Seminare lebendiger und
intensiver gestalten zu können.
Ein Arbeitsbuch, das effektive und geprüfte Übungen vorstellt und den
methodischen Einsatz beschreibt.

ca. 184 Seiten, DM 18,80

weiterbildung live - Band 4
Eckhard Bieger, Jutta Mügge

HINTER KONFLIKTEN STECKEN ENERGIEN
Kompetenz für Leitung und Konfliktbearbeitung

Ungelöste Konflikte binden Energien und machen Teams und Gruppen
lustlos. Konflikte ansprechen und durch einfühlsame Moderation lösen, setzt Energien frei. An verschiedenen Beispielen werden die Regeln für die Konfliktmoderation dargestellt, die Hilfestellungen geben
für die Leitung von Teams und Gruppen in der Konflikt- und Machtkampfphase. Beschrieben sind auch die verschiedenen Leitungstypen,
ihre Stärken und Schwächen in Konfliktsituationen und deren Entwick-
lungsperspektiven, sowie die Energieverteilung und deren Ausgleich in
Gruppen und Teams.

ca. 180 Seiten, DM 19,80